U0500315

学道

观 澜　徐永梅　　著

——行走的课程

知识产权出版社

全国百佳图书出版单位
——北京——

图书在版编目（CIP）数据

学道：行走的课程 / 观澜，徐永梅著 . —北京：知识产权出版社，2023.4

ISBN 978–7–5130–8714–8

Ⅰ . ①学… Ⅱ . ①观…②徐… Ⅲ . ①课程—教学研究 Ⅳ . ① G423

中国国家版本馆 CIP 数据核字（2023）第 055532 号

内容提要

课程改革以来，场馆学习逐渐成为热点。本书提出"物器道"的场馆教育理念，建立"问思辨"的课程实践模型，以项目学习构建课程模式，整体推进课程有效实施与评价，为小学、初中、大中专院校一体化场馆课程的开发与实施提供新的思路，具有借鉴意义。

责任编辑：郑涵语　　　　　　　**责任印制：孙婷婷**

学道——行走的课程
XUEDAO——XINGZOU DE KECHENG

观　澜　徐永梅　著

出版发行：知识产权出版社 有限责任公司	网　　址：http：//www.ipph.cn
电　　话：010–82004826	http：//www.laichushu.com
社　　址：北京市海淀区气象路 50 号院	邮　　编：100081
责编电话：010–82000860 转 8569	责编邮箱：laichushu@cnipr.com
发行电话：010–82000860 转 8101	发行传真：010–82000893
印　　刷：北京中献拓方科技发展有限公司	经　　销：新华书店、各大网上书店及相关专业书店
开　　本：720mm×1000mm　1/16	印　　张：9.75
版　　次：2023 年 4 月第 1 版	印　　次：2023 年 4 月第 1 次印刷
字　　数：138 千字	定　　价：55.00 元

ISBN 978–7–5130–8714–8

序

　　2001 年教育部颁布了新课程改革方案，掀开了 21 世纪中国基础教育的新篇章，在课改方案中增加了具有中国特色的课程——综合实践活动课程。2017 年教育部又发布了《中小学综合实践活动课程指导纲要》（下文简称《指导纲要》），进一步推动了综合实践活动课程发展。综合实践活动课程的基本理念中重要的一项内容即以培养学生综合素质为导向，关注学生问题解决能力，强调学生综合运用各学科知识，认识、分析和解决现实问题，提升综合素质，着力发展核心素养，特别是社会责任感、创新精神和实践能力，以适应快速变化的社会生活、职业世界和个人自主发展的需要，迎接信息时代和知识社会的挑战。20 余年来在一些学者、省区市各级教研员及从事该课程教学的广大基础教育教师的理论与实践研究与探索中，综合实践活动课程逐渐扎根学校，走向成熟，课程的教育理念已融入学校教育理念中。

　　《指导纲要》中将博物馆参观列为考察探究、社会服务、设计制作和职业体验四种活动方式之外的活动方式。尽管如此，博物馆课程依然受到很多学校的重视。考察探究是注重研究过程的实践活动方式，从学习方式上一改学科课程单一的传统接受性学习方式，开展基于实践的研究性学习活动。在课程实施层面，博物馆课程已不是简单的参观，多以主题或课题的研究性学习方式呈现，被广大教师视为考察探究活动的内容。

　　以观澜、徐永梅为主持的跨区域跨学科教研发展共同体撰写的《学道——行走的课程》一书是基于对综合实践活动课程理念的高度理解及对地方博物馆资源的深度开发与研究基础上，借鉴了国内外博物馆教育的理念与经验，构建了"学道"的场馆学习观，并在这一学习观的指导下，以"物器道"为课程构架，"问思辨"为课程实施模型，系统研发了学校地区博物馆的系列学习课程及课程设计实施指导方案，研究成果汇集成书奉献于同仁。

区域博场馆资源的深度开发及相关课程的系统构建已成为新时代综合实践活动课程发展的内容之一。高等院校博物馆类型多样，其特点为立足学校资源，特色鲜明，专业性强，注重教育。高等院校博物馆内容对中小学生开展研究性学习是一个很好的资源。此书其中一个亮点是利用高等院校内的博物馆资源开发系列研学课程同时还能够利用高校教师资源共同设计实施课程，形成协同发展机制，这是在深度开发资源基础上的课程开发。在第二章与第三章及附件的案例中，我们会看到场馆课程设计的系统性及高度与深度，场馆课程在提升学生价值体认、加强学生知识与能力的综合学习与培养、实现学习与生活的有机融合、提升学生对专业的认识及研究兴趣发展等诸多方面都有独到之处。

开卷有益，读者会在场馆课程开发、实施与评价，创新管理制度、协同发展机制创新馆校协同育人机制等方面获得一些启示与借鉴。

中小学综合实践活动课程师资研究与培训基地主任

首都师范大学副教授

中国教育学会综合实践活动分会副理事长

杨培禾

前　言

新时代下的学习方式以综合性学习、实践性学习、融合式学习、跨学科学习为主，并致力于促进学生核心素养发展，实现素质教育，构建高质量的教育体系，整体推进基础教育课程育人方式。

综合实践活动课程、研学、场馆学习等学习方式，都是进一步改变学生"学"的方式、教师"教"的方式，实现课程融合和育人方式变革的最佳的课程形态。三者既有密切的联系和共同点，又有着不同的侧重点，但在课程实施的过程中，往往将三者融合起来，相辅相成，互为叠加。其中，场馆资源的开发和课程建构，为进一步拓宽育人途径提供了丰富多元的实践平台。它让学生从学校走向社会，从书本走向场馆，从单一学科走向多元化学习，从"学知识"走向自主实践，从重学习的结果走向重活动过程的体验，学习从个体走向合作探究等，实现了新时代下学习方式的转向与变革，提高学生在真实情境下问题解决和实践创新等能力，培养必备品质，落实学生核心素养发展。可见，场馆教育对学生、教师、学校和社会发展具有重要的意义。

由此，我们提出"学道——行走的课程"这一教育理念，以"物器道"为课程构架，以"问思辨"为课程实施模型，科学、系统地构建小学各学段螺旋上升的场馆课程，培养学生的实践创新能力、问题解决能力、合作探究能力，为培养有理想、有本领、能担当的时代新人作出贡献。

"学道"教育理念是受到《道德经》"道生一，一生二，二生三，三生万物"的启发，这里的"道"指"道理、规律、方向、方法、道德、技艺、技术、本质"，"学道"整体寓意为让学生通过场馆沉浸式、合作式、探究式、实践式、主题式等学习经历，掌握学习的方式、实践的技能，找出正确的探究方向；明白场馆内知识蕴含的道理，发现事物的规律，能够举一反三，融会贯通，学以致用，并延伸到其他的学习环境和情境中；在行走研学的过程中，不仅能感悟场馆主题所蕴含的某项技艺、职业认知、责任担当，还能进一步深化、升华自己的道德品质；最终让学生在不断的"学道"中，不断迭代自己的知识建构，积淀经验与智慧，整体建立"知识—人—世界"的完整体系与联结，让"人"持续得到发展，能自如地面对现在和未来的生活，面对社会、他人与自然。

基于对高校场馆课程的调研分析，通过建立场馆课程联盟校，开展跨校、跨区域研究等方式，我们对课程实施的开发、实施与评价，创新管理制度，协同发展机制等进行了为期三年的实践与探索，并在不断完善与调整的过程中形成了可以推广的经验。

依循"学道——行走的课程"教育理念，我们构建了课程顶层设计，开发了系列化场馆课程体系，建立了课程实施模型，明确了课程实施要素，研发了课程评价，整体推进场馆学习的规范性、有效性，深入落实，促进学生核心素养的发展。同时，为了保障课程持续良性发展，我们建构了与场馆协同发展的路径与机制，充分利用场馆资源，助推基础教育课程改革，助力每一位学生的成长。

郑州市金水区教育发展研究中心

综合实践活动劳动教育教研员

观　澜

目　录

第一章　理论研究

第一节　国内外场馆学习的研究概述

当今的教育，更注重学生学习品质的提升，需要打破传统学校的时间、空间和学科限制，将学生学科活动、综合实践活动与研学项目相结合，开发出适合小学生在真实情境中进行"自主、合作、探究、实践"的学习课程。

《基础教育课程改革纲要（试行）》指出，学校应广泛利用校外的图书馆、博物馆、展览馆、科技馆、工厂、农村、部队和科研院所等各种社会资源，以及丰富的自然资源，积极利用并开发信息化课程资源。

2021 年 7 月，"双减"政策出台，倡导减轻学生作业负担，开展实践性学习。中小学生有了更多的时间和精力去观察和探索世界，学校也在创造机会、创造条件让学生将书本知识与其生活的社会环境相关联，积极探索能给学生注入内驱力的教育内容。

2021 年 12 月，《关于利用科普资源助推"双减"工作的通知》发布，明确"各地各校要以'走出去'的方式，有计划地组织学生就近分期分批到科技馆和各类科普教育基地（天文馆、科技园、动植物园、农业示范园、高校、科研院所等），加强场景式、体验式、互动式、探究式科普教育实践活动"，对"双减"之后学生的课余生活、科普教育实践活动等作出了明确部署。

通过上述政策可以看出，国家对校外教育资源的开发应用、各类场馆与学校学科课程的融合都提出了明确要求，意在通过多元平台、多种途径，丰富课程内容，变革学生学习方式，为培养德、智、体、美、劳全面发展的社会主义建设者和接班人打下扎实的基础。

一、国外研究成果

（一）关于场馆教育功能的研究

国外对于场馆教育的功能性认知较早，早在《新"博物馆学"教育》一文中，学者凯伦·查曼（Karen Charman）就对博物馆进行了深刻诠释，表明了包括博物馆在内的场馆教育对民众的意义与价值❶，这对场馆教育的发展具有里程碑式的意义。维克与克莱夫（Vikki and Clive）在《博物馆和新"博物馆学"：理论、实践和组织变革》一文中提出了场馆教育的目的在于文化认同的观点，对场馆展览原理和教育之间的关系进行了剖析。❷

学者法克尔和迪尔王（Fulk and Dierking）在《学校实地考察：评估其长期影响》一文中指出，各类场馆应为参与者提供优良的发展环境，充分发挥其本身的教育职能，为学习者解决生活中的难题，提升学生的学习效果❸。埃琳娜等人在博物馆开展了一系列具体的实践活动，这些融合多学科知识并应用于实践的活动设计，都带给中小学教育者很大的启发，可以将场馆教学作为学校教育教学的强有力的课程资源。廖婧茜、靳玉乐在《美国博物馆课程的运作及启示》一文中，阐述了博物馆课程要蕴含传播知识、重视实践、陶冶审美的价值❹，美国博物馆课程理论和实践的研究，可以为我国场馆教育的实践给予理论支撑，促成各类场馆进入中小学学校的课程视野。研究者西奥多（Heodore）等人充分肯定了场馆资源的重要价值，并通过加强学校与场馆之间的联系，拓宽学生的学习空间，创新学生的学习方式。❺

❶ KAREN CHARMAN. Education for a new 'museology' [J]. International Journal of Inclusive Education, 2013, 17(10).

❷ VIKKI MCCALL, CLIVE GRAY. Museums and the 'new museology': theory, practice and organisational change [J]. Museum Management and Curatorship, 2013, 29(1).

❸ JOHN H. FALK, LYNN D. Dierking. School Field Trips: Assessing Their Long-Term Impact [J]. Curator: The Museum Journal, 1997, 40(3).

❹ 廖婧茜，靳玉乐 . 美国博物馆课程的运作及启示 [J]. 全球教育展望，2016，45（10）：78–85，94.

❺ JTHEODORE H. KATZ. Museums and Schools: Partners in Teaching [J]. Design For Arts in Education, 2010, 86 (2).

（二）关于场馆教育效果的研究

关于场馆教育的研究，国外起步已有几十年，也取得了较为丰富的研究成果。在场馆教育研究的初期阶段，研究人员获取参观者的基本信息，分析参观者的人口学特征，并以此展开预测，通过人口统计学的方法预测参观者的学习需求。

20世纪90年代前后，国外学者对场馆教育的研究着重于理论方面，对于场馆中出现的教育现象与问题开始采用建构主义等教育理论去解读，从社会文化的角度出发，关注学习的过程。由此，学术界开始通过参观者在活动过程中的语言、动作等表现，注重对场馆学习的过程和结果进行深度研究。之后，学者们将研究方向从最初对活动者行为频率的统计与分析，转向关注活动者在场馆教育中的活动感受和文化理解，以及学习者本人由内而外产生的态度、行为等内在变化，进行更深一步的理论研究，场馆教育研究更趋于科学、系统。❶ 人们对博物馆这个机构的认知，已经不仅局限于提高公众对艺术、科学和历史的理解，它越来越融入人们社会生活的方方面面，在终身学习中具有了更长效、更深刻、更能启发创造的新角色。

吴镝对国外博物馆教育与学校教育是如何有效融合的和博物馆课程的特点作了详细介绍，尤其是场馆资源的外借、博物馆与学校的融合、场馆课程中的师资培养等，作了重点研究❷；刘连香从多角度介绍了国外博物馆项目中，中小学进行深度实践的实施策略，博物馆资源如何利用、如何与中小学课程内容有机结合❸，带给我们很多借鉴；宋娴对西方场馆教育资源在中小学应用中的主要趋势进行了综合研究，其强调经验和真实问题，重视新

❶ 宋莉. 场馆课程资源开发的馆校合作研究 [D]. 重庆：西南大学，2018.

❷ 吴镝. 美国博物馆教育与学校教育的对接融合 [J]. 当代教育论坛（综合研究），2011，223（5）：125–127.

❸ 刘连香. 得知千载下 时有打碑声——美国富地博物馆藏中国拓本 [J]. 文史知识，2012（10）：69–75.

技术在场馆教育中的应用，强调学习的多元等 ❶，都对中国场馆教育具有非常重要的借鉴意义。中外的研究者们都将关注点放在了博物馆教育方面，针对博物馆课程的资源使用、新技术应用、教师培训等进行了理论和实践的研究。而从事课程与教学方面的研究较少，大都以"科学学习"为主要课程形式。

二、国内研究成果

我国的场馆自建成投入使用以来，就发挥着"社会教育"的作用。但早期的场馆并没有与学校教育相结合，之后即使出现早期馆校教育的研究也是集中于在场馆内开展的各类教育活动，对场馆课程资源的开发与利用大多集中在春游、秋游、暑期实践等临时性、不系统的游学，而进行校本课程化、学段系列化、思维体系化的课程研究较少，所以对于场馆教育的研究，国内研究还比较薄弱。

（一）关于馆校教育的形式研究

进入 21 世纪后，课程改革伴随着经济体制改革，引领着中国教育人的理念创新、实践创新。中小学校纷纷致力于"地方课程""校本课程"的开发与管理，积极开发并合理利用校内外各种课程资源。近年来，随着"双减"政策的实施，传统单一的教学模式已不能完全满足学生的发展需求，教育开始向多元化迈出了脚步。开发学校周边的馆校资源，推动学校教育与场馆活动相结合的教育模式日渐兴起。例如，首都博物馆以青铜为专题设计相关系列课程，开设暑期研习营，使学生通过参观、学习、制作等方式了解青铜之美，感悟中国古代的匠人精神；陕西旬阳博物馆与其共建学校联合，开发博

---

❶ 宋娴. 中国博物馆与学校的合作机制研究 [D]. 上海：华东师范大学，2014.

物馆里的美术课、书法课等，打破了时空的学习限制，培养了学生的跨时代素养。

　　张静娴在《基于馆校合作视角的小学自然课程开发研究》一文中，阐明了场馆教育与小学自然课程的结合形式❶。罗晶晶在《小学馆校结合教育现状调查与管理策略研究》一文中以江苏省如皋市 R 区为例，深入分析了馆校教育的现状，并对馆校教育的组织模式、管理机制提出了有效建议❷。唐小凤对博物馆资源的开发与中小学科学课教学有机融合方面进行了研究，并提出了相关解决策略，认为场馆与学校之间应该加强合作的广度与深度，建立一种长期有效的稳定沟通方式，提升一线教师成为馆校教育课程资源开发的专业人才，对于博物馆、学校和教师共同进行场馆教育课程开发的合作机制进行了制度化的探索。❸李君提出了"博物馆课程资源的内在价值"这一概念，对目前国内中小学校博物馆课程资源开发与利用的现状进行了调研和分析，提出了"提高教师对博物馆内有关教学方面资源开发的能力""从多个角度、多种形式地开发利用博物馆的教学资源"等观念，还指出基于博物馆资源开发设计的校本课程是博物馆课程资源利用最出彩的一种形式。❹张美霞《新媒体技术支持下的场馆建设与场馆学习》一文中，阐述了移动互联技术在场馆课程中的应用意义和应用策略，针对新媒体技术有效应用指出了路径，也对移动互联技术在课程建设中的问题和局限进行了阐述，同时提醒中小学要关注"微技术"的应用价值。❺

❶　张静娴.基于馆校合作视角的小学自然课程开发研究 [J].科学教育与博物馆，2015，1（4）：289–292.
❷　罗晶晶.小学馆校结合教育现状调查与管理策略研究 [D].扬州：扬州大学，2021.
❸　唐小凤.提高自然博物馆在中小学科学教育中的利用率的有效策略 [J].科学中国人，2017（18）：324.
❹　李君.博物馆课程资源的开发与利用研究 [D].长春：东北师范大学，2012.
❺　张美霞.新媒体技术支持下的场馆建设与场馆学习——以现代教育技术博物馆为例 [J].中国电化教育，2017（2）：20–24.

（二）关于馆校教育的价值研究

沈炯靓在《场馆学习——探索新的教学方式》中说明了场馆教育作为一种非正式教育的学习形式，能够拓宽学生的眼界，开阔学生的心胸，是校内教育的一种有力补充。❶ 付积、王牧华在《论中小学场馆学习的价值意蕴与实践策略》一文中表明了场馆学习可以为学生营造立体化的学习环境，提供真实化、多样化的学习体验，有利于推动学校传统教学方式的变革与创新。❷ 张芬艳在《学校本位"场馆课程"的开发与实施研究》一文中对学校本位"场馆课程"进行了分析与解读，从学生、教师、学校及社会的发展四个角度论述学校本位"场馆课程"的重要价值，阐释了场馆教育对学生的成长、教师的发展、学校的特色及社会的教育都有着重要的作用。❸

（三）关于馆校教育的策略研究

为了使场馆教学发挥最佳效果，许多专家学者都针对馆校教育提出了颇多有价值的策略。张煜、白欣在《促进深度学习的小学科学场馆课程设计研究》一文中，针对中小学教师所遇到的有关科学场馆课程等方面的教学问题，分别从课程总目标、课程定位、设计思路等方面进行阐述。❹ 刘芳芳、李光在《博物馆教育中嵌入项目式学习的意义及策略》一文中基于当前博物馆教育发展现状，将项目式学习方式融入场馆探究活动中，研究项目式学习与场馆教育的结合意义。❺

❶ 沈炯靓 . "场馆学习"——探索新的教学方式 [J]. 基础教育课程，2014（3）：47-49.
❷ 付积，王牧华 . 论中小学场馆学习的价值意蕴与实践策略 [J]. 课程·教材·教法，2021，41（2）：64-71.
❸ 张芬艳 . 学校本位"场馆课程"的开发与实施研究 [D]. 金华：浙江师范大学，2021.
❹ 张煜，白欣 . 促进深度学习的小学科学场馆课程设计研究 [J]. 科学教育与博物馆，2021，7（5）：444-450.
❺ 刘芳芳，李光 . 博物馆教育中嵌入项目式学习的意义及策略 [J]. 博物院，2021（1）：86-93.

综观国内外研究我们可以发现：国外学术界对场馆教育的研究起步早、范围广，尤其在场馆教育的形式与意义方面，学者们普遍认同场馆教育对学生、教师乃至社会的积极作用。国内的研究起步虽晚，但专家学者们笔耕不辍，对馆校教育在形式、意义、影响因素、发展策略等方面的研究皆有建树，未来作为研究热点的场馆教育必有更广阔的发展空间。

目前已有的国内场馆资源的研究，大多集中在政府建设的公众场馆如博物馆等，对于高校场馆的研究，也只是将高校的体育场作为向群众开放的资源来进行政府、社区、高校合作模式的探讨。近些年，各高校很多具有学科特色的场馆已兴建起来，让大学生能在模拟实景的场馆内自主学习。但中小学校如何利用高校场馆资源进行拓展课程的研发，将零乱的、不成体系的，构建成系列性活动的研究目前还较少。

第二节　高校场馆课程的现状与特点

一、高校场馆课程的现状分析

高校场馆课程要根据场馆学习目标，设计系列性探究活动。通过实物、模型的布置，通过声、光、电的感官刺激展示，配合图片、文字说明，构建出一个立体的探究学习环境。在这种场馆课程学习形态下，包括教师、学生及场馆的讲解员在内的场馆教学各方参与者，在整个教育教学过程中，既不能像学校学习那么结构化，也不能像日常家庭旅行时的"随意"，呈现出鲜明的场馆教学的特点，通过学生去场馆学习后的调查问卷（见附录1）分析得出，突出"以生为本""融合式"学习是新时代学生学习方式的变革和学生的需求。

（一）学习兴趣分析

对学生们开展的"本次研学期待度"调查问卷统计（图1–1）反馈显示，86%的学生对于开展高校场馆研学抱着十分期待的态度。从图1–1中，我们不难看出高校场馆因其知识丰富，场馆新奇，对于小学生有着非常大的吸引力，学生对于高校场馆研学的兴趣是十分浓厚的。

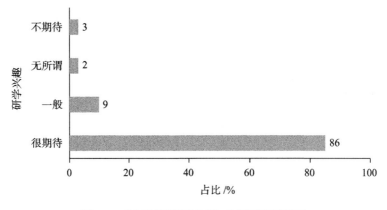

图1–1　"本次研学期待度"的调查问卷统计

（二）学习方式分析

对学生们开展的针对"研学中学习方式"的调查问卷统计（图1–2）反馈显示，85%的学生认为研学改进了学习方式，76%的学生认为研学对学习能力有帮助，81%的学生认为研学能够更好地促进同伴交流，92%的学生认为研学能够提高思考能力。从图1–2中可以看出研学对于学生的学习方式、学习能力、同伴交流、思考能力的提升都有积极的促进作用。

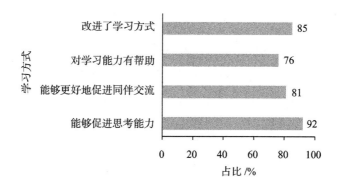

图1-2　针对"研学中学习方式"的调查问卷统计

（三）学习效果分析

对学生们开展的针对"研学效果"的调查问卷统计（图1-3）反馈显示，73%的学生认为能够理解研学内容，81%的学生对研学内容十分感兴趣，89%的学生认为在研学中有令其印象深刻的环节，78%的学生认为研学虽然结束了，但通过研学激发了自己对一些知识的探索兴趣，还有想继续探究的内容。从图1-3中可以看出研学的效果还是十分显著的，对于促进学生探究意识、端正学习态度、扩大知识面还是有着十分积极的意义。

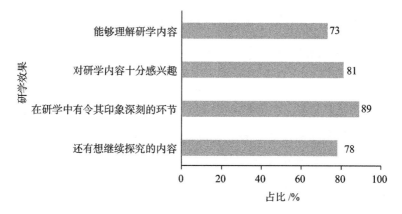

图1-3　针对"研学效果"的调查问卷统计

我们从调查问卷结果得出：场馆具有第一手的图文资料、实物陈列，而这些馆藏文物，学生只有深入学习了其背后的故事才能更好地领略其内在价值。高校内部有很多具有专业特色的场馆，但仅供本校大学生参观、教学，使用率很低，有很大的开发空间。因而开发场馆课程，让高校闲置场馆资源成为小学课外实践活动和研学项目的重要组成部分，提高场馆的使用率，有利于场馆内部文化的深入传播，提高场馆的教育性意义。

二、高校场馆课程的特点

高校场馆学习具有它独特的特点，如开阔学生视野，丰富学识；彰显高校专业文化，激发学生未来的职业梦想；建立小学、初中、高校一体化实践性课程的衔接等，它具有实践性、互动性、情境性、主题性等特点。

（一）实践性

从学生学习方式的角度出发，高校场馆课程具有鲜明的实践性特点。组织开展高校场馆课程教学活动，在场馆讲解员或者教师的指导下，学生依托高校专业场馆的布展陈设，根据前置性作业设计，运用所学知识，有目的地在高校场馆情境中，通过具象的实践化的方式，运用多种感官对场馆陈设进行认识和实践体验，基于多样化操作性学习过程分析解决实际问题。

这种由学生高度参与、深度体验的高校场馆课程，从学生在学习中的主体地位出发，将学生置身于高校场馆陈设中，注重课程学习过程中的感性体验和深刻领悟，并让学生在总结过程中得到提升的学习模式，与学生在日常课堂教学过程中单向、被动地接受抽象知识的模式有很大不同。

（二）互动性

在高校场馆教学的设计阶段，就要求学生围绕场馆布展主题，组织开展前期的知识准备和收集活动。在高校场馆课程现场教学活动中，学生虽然在老师的带领下，围绕教学活动的主题主旨，通过场馆解说人员的解说和展示的方式进行现场学习，但学生并不是被动地、机械地接收场馆布展的全部信息，在学生之间，在学生与馆藏展品、场馆解说者之间时刻进行交流和碰撞。

学生在整个场馆教学活动过程中，在特定的环境中，不断获得直接经验和特定信息，增加学习的兴趣，互动性特点鲜明。在整个高校场馆教学过程中，学生之间、学生和场馆讲解员之间是平等互动的关系，学生在整个教学活动中是作为一个积极参与者存在。场馆课程学习的全过程，一方面是学生获得场馆信息资源的一种途径，另一方面是学生的整个学习探究过程，是基于自身的兴趣爱好、知识储备及高校场馆的自身布展等，以一个自身知识谱系建构者的角色积极参与整个教学活动的全过程。这个积极建构知识谱系的过程，既增加了学生学习的乐趣，同时也潜移默化地实现了培育学生核心素养的目标。

（三）情境性

对比当前学生在学校课堂开展的学科教育教学活动，高校场馆的布展情境要素在整个课程教学活动中具有突出的作用。在传统的学校课程教学中，教师会有意识地采用图片、视频、音频等具象信息的方式帮助学生理解抽象的知识。但是在本质上，这个教育过程仍然是抽象知识的机械性化传递过程，学生一直游离在知识概念等产生的真实情境之外，脱离其产生的背景、环境、条件、来源等；而且，在没有具象知识和情景的参与下产生的抽象知识，对于学生来讲，本身就是枯燥的，不具有生动性的，是不鲜活的。对于有具象思维特点的学生来讲，无疑增加了理解和掌握的难度，只能是被动地、单向地接受。对于教师来讲，如何让学生全面、完整地掌握概念性的、抽象的知识，则是在日常教学过程中不得不面对的现实困境。

而高校场馆课程恰恰为学生提供了一个"真实"知识的产生环境，在场馆教育过程中，学生在教师或者场馆讲解员的引导下，调动各种感官，在与场馆陈设积极互动过程中，通过具象知识的吸收总结，发现并总结规律，从而上升到抽象知识和概念的高度，达到建构自身知识谱系、培养核心素养的目的。

（四）主题性

高校场馆课程是依托高校场馆开设的课程，不同的高校场馆主题各不相同，主题特色鲜明多样。当前，各校在开展系列主题现场教学活动中组织课程内容时，必须依托高校场馆现有布展资源，并在此基础上设计不同于日常课堂学科课程的教学内容。这种教学活动，实际上并不依托于现有的教学书籍，更多地以高校场馆的布展主题及相关内容引导学生，通过生动的展馆陈设开展学习活动，获得教学知识。

另外，各个学校在高校场馆课程前期场馆选择上，实际上是在充分考量办学特色和学生认知程度后，有意识地主动选择场馆。高校场馆的主题和布展固然有其特色，但中小学校在开设高校场馆课程时，贯彻的是"生本位"理念，目的是通过场馆课程的主题设计和现场教学活动的开展，达到提升学生综合素养的目标。

三、场馆学习中教师观的改变

在高校场馆课程的开发和实施中，从课程内容的设计到学习活动的选择，从课程的开发规划到实施评价，教师的课程开发设计能力在不断提升。

同时，高校场馆课程融合了多学科、多领域的内容，教师在发挥自身学科优势的同时，还必须融合其他学科的知识，促进多学科教师共同研讨设计课程方案，讨论课程设计细节，超越了平常教学中单一学科的局限，学着多角度、多维度地去思考问题，提炼能促进学生能力提升的主题和着力点。通过高校场馆课程的设计与实施，教师团队的教研能力得到了明显提升，教师之间也构筑了教学共同体。

高校场馆课程是学校文化的一部分，课程的开发也有助于教师更好地融入和丰富学校文化建设，成为学校文化的建设者和参与者。立足学生需求和学校文化而开发的场馆课程，有利于提高教师对学校文化的认同感和对学校的归属感、荣誉感。

第三节　馆校合作的价值

近些年，场馆中的非正式学习越来越被关注，博物馆、科技馆、植物园等成为学校教育的一个新领域。而高校中也大多有特色各异的主题场馆，这些花费巨资打造的专题场馆，如果面向中小学生有序开放，将成为一种丰富多彩的课程资源。学生场馆教学和学校教育在空间、内容、方式上的不同，必然导致在场馆学习中，教与学关系的多角度、学习内容的多选择、教学目标的多维度、学习方式的更自主、学习评价的更纵深。

一、非正式学习理论，将学习的控制权交给学习者

随着学习场域扩大化，"非正式学习"概念被更多人接受，其学习资源更丰富、学习方式更灵活，广大学习者可以脱离"学校"这个特定的学习场域，获得更广泛的学习机会。学生在场馆学习中，学习内容多样、学习目标多元、

学习方式多选，教师在多个展区、多个学习空间中，为学生提供探索新事物必要的工具和材料，"去中心化"允许学生自主选择学习项目，为学生行使自主权利提供了条件。场馆中的教育，更加突出了个人"选择"，不再是"教师教什么学生就学什么"，而是可以有更多学习主动权；从过去的内容学习变成现在基于挑战性任务的学习，通过多人协作完成项目，学生在其中逐步探索、发现、体会，在自己身上"重新生成"经验和能力。

二、基于场景的学习，让学习者从真实世界中获取并应用知识

传统教育总是因学生人数限制、教育资源匮乏、教师能力有限等，试图掌控学习者。随着"大班额"的逐渐消除、课堂内外教育新技术的应用、教育场域的扩大化，创新的教育必然会赋予学生探索未知的能力，帮助他们点燃终身主动学习、主动探索未知的热情。

场馆学习，将高校场馆这个资源丰富、方式灵活的特殊学习空间融入中小学生的课堂，让学生走进这个"新课堂"中，增强体验，在多种主题场馆中，利用交互式的场景促进学生主动学习。基于场景的学习，让学生在场景中将新知识与已有的校园知识学习产生联结，并产生新问题，与伙伴相互合作探究并问题解决，增强其今后在其他专业领域学习中迎接各种挑战的能力。在场馆课程实施过程中，考察的是学生已有学科知识的综合应用，评价的是学生在问题解决过程中自主探究意识和团队协作能力这些直面未来的关键能力。

三、场馆学习的实践，促进学生综合素养发展

（一）培养学生问题意识

学生可以从在场馆中找到与已有知识相连接的新的知识体系，从现代科技到中华传统文化，不同特长的学生都能找到感兴趣的小项目，进行系统研究。

（二）提高学生自主、合作探究的能力

在场馆课程学习中，学生小组之间的有效互动，可以提高学生积极性。在这样的实境学习中，可以让学生掌握更多学习工具，帮助建构知识体系，促进能力发展。

（三）培养学生创新能力

场馆课程学习中，学生基本都是在小组分工合作、全班共同完成实践任务的模式下完成探究任务的，这样更能培养学生的自信与创新意识。

（四）提高学生问题解决能力

场馆学习，是实践性更强的课程，学生必须主动提问、主动沟通、协同完成，仅仅靠"填鸭式"听讲是完不成课程任务的。在这样的情境中，每个学生都有任务，每个学生都必须全程参与，强烈的责任感也会增强其挑战自我的能力。

（五）在实践操作中培养学生的劳动意识与技能

参与馆校课程，要在课程设计之初、实践准备、实践操作、课程结束各个节点，有意识地设计学生能够参与的劳动实践，如场馆的前期布置，场馆针对本校学生的课程路线标识制作，课程中的工具准备，课程中的工具使用，课程结束后的场馆卫生打扫、场馆物品复原，馆校课程成果展示的器材自制……让学生在实际操作中养成劳动习惯，培养劳动技能。

（六）在实地参观和学习中提升学生艺术审美能力

学校要逐步完善"艺术基础知识基本技能＋艺术审美体验＋艺术专项特

长"的教学模式。注重学生在课程探究中掌握必要基础知识和基本技能的基础上，以培养和提升学生艺术专长为载体，关注学生核心素养的提升，最终落脚在提升学生的民族文化理解、科技自信上来。各大高校拥有很多高端的场馆，场馆设计艺术感强、高端大气，在场馆中进行的课程，可以在潜移默化和有针对性的设计中，引导学生关注色彩、造型、层次，提高学生艺术审美水平。

四、整体推动学校课程育人方式的重构

从出生开始，就天天接触网络、接触屏幕光电刺激的孩子们，在"双减"背景下，突然给紧张的课余生活按下了"减速键"，应该如何引导孩子们静下心来思考自己的兴趣是什么？应该把多出来的时间、精力投向哪里呢？

高校场馆课程的开发，要注重情境性、主题性、互动性，要探索通过教学环境、教学方式的变革，更要注重对小学生创新意识、合作能力的培养，促进学生学习品质的提升。在传统课堂中，学生很难有机会对某一个主题进行深入的探究。高校特色场馆，为各学科教师拓展教学提供了丰富的课程资源，能从实践、合作的角度去观察学生、评价学生，引导学生思维纵深发展。

五、创新学校的教育模式

高校特色场馆，为各学科教师拓展教学提供了丰富的教学资源，引导教师思维纵深发展，增强教师课程研究开发能力，提高教师非正式教学的能力，促进教师多方面综合发展。

高校场馆课程的开发，更注重情境性、主题性、互动性等多方面特点，有利于丰富学校课程资源，变革学校教育职能和教学方式，建构学校特色课程。而在这样资源更新、充满挑战的课程设计、实施过程中，能激发教师抛

开知识传授、知识考察的桎梏，从教育的本源问题出发，从关注学生终身能力着手，激发教师的职业激情，提升学校探究实践课程的实施价值。

六、推动社会的教育发展

馆校合作将高校场馆资源进行二次开发，按照科学技术、文学、历史、艺术、数学等进行分类、整合，梳理出适合小学低、中、高不同学段特点的螺旋上升式课程体系。既丰富了学生的人文底蕴，又增加了学生动手实践的机会，在传承中华传统文化、激发科技强国理想的同时提升学生的探究能力。

学校应以开放的视角去看待场馆教育，打开学校课程实施的藩篱，让学生走入更广阔的社会中进行学习，打破学校与社会的明显界限。高校场馆作为新的教育空间，在课程建设和实施中，能助力学校育人方式的变革，推动社会教育的创新发展。

第二章　实践探索

第一节　构建场馆学习的教育观

当下的学习，强调终身学习观，仅靠在学校获取的知识不能完全满足日新月异的社会发展和个人成长需要，每个人都需要在学习中实践，在实践中学习，终身学习、深度学习理念逐渐深入人心。而学习的场所也不再仅仅是学校，学习场域更为开放，教师与学生、学生与学生、学生与家长、教师与家长、学校与社会、学校与社区之间的壁垒逐渐打开，学习主体的学习时长扩展，学习场域扩大，学习方式更多样，学习选择权更自主。因此，需要打破传统学校的时间、空间和学科限制，将学生综合实践活动与研学项目相结合，开发出适合小学生在情境中进行自主、合作、探究、实践的融合式课程。

一、构建"学道"教育理念

高校场馆教育对学生、教师、学校和社会发展具有重要的意义，这也是"高校场馆课程"开发的重要推动力。在科学、民主的学生观、教师观及课程观的引领下，我们提出"学道"这一教育理念，践行综合实践活动"问题解决、责任担当、价值体认、创意物化"四大目标，以"物器道"为课程构架，"问思辨"为课程实施模型，整体科学、系统规划小学各学段螺旋上升的场馆课程，培养学生的实践创新能力、问题解决能力、合作探究能力，为培养有理想、有本领、能担当的时代新人作出贡献。

　　"学道"教育理念来源于《道德经》"道生一,一生二,二生三,三生万物"的启发,这里的"道"指道理、规律、方向、方法、道德、技艺、技术、本质,"学道"整体寓意指让学生通过场馆沉浸式、合作式、探究式、实践式、主题式等学习,掌握学习的方式、实践的技能,找到正确的探究方向;了解场馆内知识蕴含的道理,发现事物的规律,能够举一反三,融会贯通,学以致用,延伸到其他的学习环境和情境中;并在行走研学的过程中,不仅能感悟场馆主题所蕴含的某项技艺、职业认知、责任担当,还能进一步深化、升华自己的道德品质;最终让学生在不断的"学道"中,不断叠加、迭代自己的知识建构、思维重构,积淀经验与智慧,整体建立"知识—人—世界"的完整体系与联结,让"人"持续得到发展,以自如地应对现在和未来的生活,面对社会、他人与自然。

　　"物器道"指学生需要根据问题思考解决的方法,从问题的本源,到事物的功用,再到事物与事物之间的联系,以一物识万物。"物器道"三阶形成对事物的深刻认知,在"问思辨"的探究过程中,学生跨时空、跨文化的思维得到培养和发展。"物器道",是万物启蒙课程研究院开发的万物启蒙课程的三阶,是以人认知世界的规律设计的三重"问思辨"架构。通常,把这三阶看作通识教育的启蒙境界。之所以把它称为境界,是因为这是万物自我成就和互相成就的三个自然境界。

　　第一境界是对物本体的思辨。走进物象课程,就是对物的科学属性即这个"物"本身的固有属性,进行"问思辨"。思辨一个"物"存在的定义、形式和变化。这一重思辨是形而下的,是可见可确定的标准答案、目前有定论的研究结果。这是第一重"问思辨"境界,在物理的层面,称为"物"。

　　第二境界是对物的器用思辨。走进物象课程,就是对一个物的使用功能及由功能衍生出的其他内容进行"问思辨"。在"物的本体"思辨(物理属性被人认识以后)的基础上,思辨是怎样利用此物的,基于什么原理使用它,以及使用它带来的利益价值，即"器"。这一思辨也有明确的结论，但没有对错，只有好与不好。因此这一思辨是中立的。

第三境界是对人的"道法"的思辨。走进物象课程，就是对在人与物互相磨合、互相创造、互相成就的过程中形成的观点、关系、表达方式进行"问思辨"，是对人、物之间本性的思辨，这就上升到了"道"。这一重境界里，我们是在研究物，也是在研究人，人与物合一。这一思辨是形而上的，是开放的，有价值取向却没有标准答案，也没有绝对定论。它代表着人类文化的高级追求。

这三重境界是步步进阶的，是引领人走向终极探究的大概念"问思辨"，是可以支持学生随着认知能力和经验的增长而逐级加深的。

基于此，我们凝练了"学道"教育场馆的"四个转向"。

（一）学习多场域的转向

传统的课堂，除了智能黑板、墙壁上的图片、文字外，没有更多的学习资源，而在这里，每一个场馆里都有文字、图片、实物、影像，还有动手操作的器具。场域的变化，让学生真正从"校园"来到他可以自主选择的"学园"。

在这些风格各异、知识重点不同的场馆中，让学生在阅读和交流的基础上，对这里不同的"物象"进行发现、选择、研究。阅读螺旋上升的文本或图片资料，眼中有新事物，探究不同的物象。每一次场馆学习，都以"物器道"进阶设计，让学生围绕一项核心任务，打破学科边界，让学生经历从确定概念、提出问题，到提炼方法、探究路径，再到形成能力、达成素养的高品质学习历程。

课程的设计从基础的直观认知到浅层次的初步理解，再到高层次的创造创新，用以提升学生的思维品质和将知识转化为应用技能的能力，将场域涉及的职业从认知到内化。

（二）学习方式的多元转向

学生在场馆中的研究性学习，不是简简单单的参观，纷繁复杂的场馆资源让学生的学习由校园内的固定"套餐"变为可自主选择的"自助餐"，从"你说我听"到"我选我研"，从"单兵作战"到"合作探究"，学生可以选择有共同兴趣的伙伴一起进行探究，场馆学习成为学生寻找相同兴趣伙伴的地方。

在课程实施中，学生根据学习任务单，搭建"学问思辨行"这一系列的探究支架，让学生相互启发、相互合作，经历一项项多学科知识融合的探究任务。这样的"学堂"，培养学生发现问题、问题解决、合作交流等能力，培养学生独立研究精神、科学精神和情感态度价值观。

（三）学习"物象"的多样化转向

场馆课程的实施，旨在打通中小学生走向生活世界的立体学习场景。场馆学习，不能仅仅是一次次兴高采烈的参观，而要让学生在场馆中开启模糊学科边界的探究，不断面对挑战，思维的深度和宽度逐渐打开。必须科学地进行课程的建构，让小学的综合实践课程正规化，而且富含文化、思维要素，设计螺旋上升的课程内容，让每一次学习都充满挑战。

基于场馆学习现状，场馆学习内容零乱、不成体系，必须设定不同而且可以接续的关注目标和学习重点，力求让学习深度展开。以中医药大学场馆为例，我们设计了小学六年级的课程，课程总目标如下。

（1）每年认识一个历史中医名人（黄帝、孙思邈、张仲景、扁鹊、华佗、葛洪、李时珍），展开相关阅读，通过人物故事来增加学生们对中医中药的兴趣。

（2）每年体验一套中医健身技能（金鸡独立、基础养生操、五禽戏、八段锦、梅花韵拍操、太极拳），了解其中涵盖的中医药奥秘。

（3）每年选取一个"物象"进行多维度探究并动手操作。一年级选取的"物象"是药茶；二年级是常见的中草药；三年级是香囊；四年级是艾条；五年级是推拿；六年级学生，以"我会开药方"为研学目标，同时选择多种、相关的事物，让学生进行主题探究。

（4）通过六年不同的课程内容和研究，持续培养学生的问题解决能力、合作能力、探究能力、设计制作能力、创造能力、责任与担当等核心素养和综合能力。

一至六年级课程虽然选择的"物"不同，但是探究路径和探究方法是相通的，同时所引发的思考也是多元的。去的场馆不同，选择物象不同，学生的认知真正呈现螺旋上升，使得"探究更有深度，思维更有品质"。

（四）学习目标的多元化转向

场馆研究性课程学习，关注学生课程体验，助力学生合作探究。由于学习内容多元，学生起点不同，要让不同学习进度、不同特长的学生都能在同一次场馆学习中，找到学习兴趣点，在相互合作中实现齐头并进。

还以河南中医药大学场馆学习为例，我们分年级从众多中医药材料中，各选一物进行探究，在探究此物的同时，又将与这一物相关的其他人、物等联结起来，做到"识一物，通万物"的学习效果，为小学生建立初步的"认知方法论"。同时，我们细化中医药与劳动实践、中医药与阅读、中医药与美育、中医药与体育、中医药与信息技术等多维度的研学目标，满足不同兴趣学生的学习需求。

这样，场馆的研究性学习就在跨学科探究中，引导学生跨时空思辨、跨情境运用，超越单一学科学习，获得认识万物的兴趣，为其建立和发展创新型思维品格。

第二节　场馆学习的课程设计与实施

从课程角度来看，课程的有效落实除了师资力量外，更需要将有效的课程规划作为顶层设计，可操作性的活动设计作为具体内容，科学的评价体系来促进课程发展等元素的构架，才能推进课程的深度有效实施。因此，我们在课程开发与实施过程中，通过重构课程规划、开发项目学习课程、构建课程群等具体路径，整体推进场馆课程的学习与实践。

一、重构课程规划

根据场馆学习的理念及多元化、融合性、综合性等特征，在课程的顶层设计中，我们将研究式学习，综合实践活动，劳动教育，德育课程等进行融合与重构，注重场馆课程的多视角、多场域的开发、实践与评价，让学生经历一个完整的探究过程，发展高阶思维，获得丰富的情感世界价值观，实现"学道"教育思想。

河南省第二实验中学结合学校周边的高校场馆资源，开发了场馆课程，形成了学校特色课程品牌，有效发挥了场馆学习的作用，提升了学生的学习品质，为培养德、智、体、美、劳全面发展的社会主义接班人和建设者打下扎实的基础。"我是中医中药传承人"是其中的一个品牌场馆课程。

我是中医中药传承人

（一）课程背景

该课程是在河南中医药大学系列场馆内开展的特色学生实践活动。将丰富的中医药文化底蕴与学校教学体系紧密相连，强调"教学做合一"的理念，设计实施"不同学段"的研学课程，培养学生的科学思维方式和学习能力。通过课程实施，在学生们幼小的心田播下中医药这颗伟大的种子，让国医国药衍射文化之光，让学生们从小了解中原文明，增强文化自信。

（二）场馆资源

河南省，是中华民族的主要发祥地之一，是华夏始祖黄帝的故里，是医圣张仲景的故乡，在中医药学的发展历史中具有举足轻重的地位。中原丰富的中医药文化底蕴成为中小学省情课程取之不尽的源泉。

河南中医药大学是由河南省人民政府和国家中医药管理局共建高校，是河南省中医药人才培养、文化传承与创新的龙头和中心。学校现有4个校区，最新最大的是龙子湖校区，内有百草园、标本馆、中药馆、药史馆、药材种植基地、药材加工制作实训基地、附属中医院等丰富的场馆资源。

（三）课程总目标

问题解决：认识生活中常见的中医药材，了解它们的基本功效；认识中医名人，在阅读材料中感受中医药的神奇；了解常用穴位，会用初步的养生操、穴位按摩缓解亚健康状态。

价值体认：课程中的多元活动主题、多维度研学内容，使学生可以自主选择喜爱的学习方式，自主结合学习小组，在合作中体会中医药文化的博大精深。适时学习将成为中医药课程的主旋律，培养学生的探究精神、合作精神、创新意识。

责任承担：通过探究中医药知识，激发学生对中医药文明的探究欲望和热情；在合作完成操作实践中，培养学生交流意识和协作能力；在中医药本土文化探究中，产生中原文明自豪感，树立为中医药崛起而努力的情感。

创意物化：通过实践探究，学会调制"药茶"，制作"草药标本"，缝制"香囊"等，将中医文化与产品相结合，宣传中医文化。

（四）课程分目标及任务

中医药研学课程立足学科之间的交叉融合，呈现全学科覆盖，我们制订了以下具体目标与研学任务。

中医药与劳动实践目标：通过丰富多彩的劳动实践和技术实践，认识日常生活中的常用中医药材，学会使用基本的技术工具，完成中医药制作的基本技能。丰富劳动项目体验，能安全完成特定的、合作的劳动任务，创造与中医相关的项目产品。

中医药与阅读目标：力求在中医药人物与中医药历史、知识的阅读中，培养学生深度阅读、自主阅读的能力和探究性阅读的习惯。

中医药与美育目标（美术、音乐）：品五味、识五色、辨五音、探五行，在中医药文化与中医药制作实践中，向美术、音乐文化衍射，体会中医药文化中的中国智慧与文明。

中医药与体育目标：每个年级学习一种健身养生操，在健身操练中体会中医药学的神奇；引导学生在坚持跳操中提高健身意识，养成健身习惯。

中医药与信息技术目标：学生在研学中，需自主查阅资料、整合材料，学会用网络技术获取、处理和表达信息的能力，养成良好的信息技术使用习惯；多节点需要个人或小组汇报收获，展示成果，能使用常用信息处理工具，综合运用写作、绘画、表格、动画等多种方式，处理和发布信息。

（五）实施理念

中医药场馆课程的实施，突破单一、有限、平面化的校园学习生活空间，创造打通校内外、连接场馆、走进立体教育空间、走向生活世界的立体学习场景。学生围绕任务展开小组合作学习，在与小组成员的交流中碰撞、激发自身的智慧。学生在主动探究、实践、思考、运用、问题解决的过程中，真正实现自我管理、自我教育、自我发展。

课程实施中，整合多元活动主题，构建多维度研学课程内容。六个年级的同一场馆学习，各具特色，各有重点，力求让学习深度展开：每年认识一个历史中医学名人，展开相关阅读；每年学习一套中医健身技能，了解其中涵盖的中医奥秘；每年动手实践学习一种中医药技能，从学、问，到思、辨，再到最后的行动实践，在研究性学习中真切体悟到中医药文化的内涵，产生文化自信，激发民族自豪感，培养家国情怀。

（六）研学设计

学校围绕"我是中医中药传承人"主线，由浅入深贯穿一至六年级，每学年一个主题项目，自己提出问题查阅资料，小组合作探究问题解决，在阅读中思考，在动手操作中打通与知识点的链接，学会调制"药茶"，制作"草药标本"，手缝"香囊"，尝试艾灸治疗亚健康，为家人体验一次推拿，最终尝试用"望闻问切"面诊，并了解一两个常用中医药方。小学生也来体验一次"小郎中"，在体验与行动中传承中医药文明。一至六年级虽然选择的"物"不同，但是探究路径和探究方法是相通的，同时所引发的思考也是多元的。在每个环节中设计形式多样、逐层引导深入思考的探究活动，不仅贴近学生认知水平，符合学生认知规律，而且充满趣味性，让每个学生乐于参与，并从中获益。

（七）具体实施

低段研学设计：一年级 药茶

【学情分析】

因为一年级学生对于中草药的认识还很有限，于是就在行前准备阶段从日常生活中比较常见的药茶入手，从"药茶"概念的认知，到它的功效，再到药茶与二十四节气的关系、药茶在中医药中的地位。通过对"药茶"这一"物"的学习，获得具有极大开放性、多元性的认知。

【活动地点】

中医药大学百草园、中药馆

【行前课程：初识药茶】

★活动一：行前小研究

（1）收集资料，分辨药茶是"药"还是"茶"。

（2）在家长的协助下，了解药茶的配方，把配方中所需的中草药、药茶的特点和作用记录下来吧！

药茶	所需中草药	特点	作用
薄荷茶	薄荷6克，党参10克，生石膏30克，麻黄3克，生姜3片		
双花茶	金银花15克，白菊花10克		

（3）请同学们任选一种药茶配方，绘制一幅药茶配制流程漫画。

【行中课程：探秘药茶】

★活动二：行中小发现

（1）不同药茶的人群适用范围？

药茶	所需中草药	适用人群	适用病症

（2）思考：是药三分毒，药茶究竟有没有"毒"？

（3）哪些中草药可以组合制作药茶，哪些中草药不可以？

可以制作药茶	不可以制作药茶

（4）药茶与节气之间还有养生的关系呢！请你画一张时令茶的图片，试着向大家介绍一下吧！

【行后课程：药茶文化】

★活动三：行后小思考

（1）药食同源，药茶在我国有几千年的历史，不少人认为喝药茶可以"有病医病，无病强身"。你是否认同这个观点？请说说你的理由。

（2）思考：你知道为什么中国人热衷于药茶吗？

（3）除了药茶外，人们还发明了哪些中药制剂？

中段研学设计：三年级 香囊

【学情分析】

低段研学过程中对于中草药有了一定的知识储备，在中段研学过程中就引导学生探究由中草药衍生的物品香囊和艾条，了解这些中草药制品的神奇的疗效，以及它们与人们生活的密切关系，从而激发学生对中草药制品的喜爱，对中国中医药文化的热爱。

【活动地点】

中医药大学百草园、中药馆、药史馆

【行前课程：识香囊】

★任务一：识香囊

（1）香囊又叫什么？举出具体的例子。

（2）香囊的质地种类有哪些？请用思维导图梳理出来。

★任务二：追溯探究

从"佩囊"到"香囊"发生了哪些变化？

【行中课程：戴香囊】

★任务一：香囊有啥用

（1）自古以来，古人就钟爱佩戴香囊，仅仅是为了追求美吗？香囊只有装饰作用吗？

（2）传统节日端午节除了吃粽子和划龙舟的习俗外，还有一个习俗就是佩戴香囊。为什么端午节有佩戴香囊的习俗？

（3）香囊是个宝，不仅美观而且实用，尤其是装进了药草的香囊更是有着神奇的功效。哪些药草适合制作香囊？

【行后课程：爱香囊】

★任务一：探究收获

（1）古时候大多王公贵族都会佩戴香囊，因为它是尊贵身份的象征，这是为什么呢？他们佩戴的香囊里面装的是什么？是中草药吗？

（2）香囊装进中草药，可以有益身心健康，祛病健体。但是在中国古代人们也经常把香囊当作定情信物，这是为什么？

★任务二：追溯探究

为什么香囊能入选国家级非物质文化遗产扩展项目的名录中？

高段研学设计：六年级　开药方

【学情分析】

六年级学生，在思维能力、联结能力等方面都有了很大的提升，所以我们以"我会开药方"为研学目标，把研学重心迁移到对中医治病的医理药理的研学上来，这也是对前面中药材研学结果的一种迁移运用。像推拿和"望闻问切"的中医问诊方法及融汇了中医强身健体理论的太极拳都是高段学生研学的重点。依然是行前引导学生对研学的内容进行知识性储备，行中引导学生通过实地参观考察和向专家请教的方式拓展认知，从而加深对中医药文化的更高层阶的感悟，达到从知到行的迁移转化。

【活动地点】

河南中医药大学附属医院、河南中医药大学百草园和标本室

【行前准备】

活动内容：

（1）到河南中医药大学附属医院实地参观一位中医给患者治病的全过程，简单了解中医问诊方法。

（2）到河南中医药大学附属医院的药房调查普通感冒和消化类疾病的症状和中医治疗方法。

（3）走进河南中医药大学附属医院的康复科，向医生了解太极拳对人身心健康的好处。

实施方案：

（1）梳理已经积累的关于"望闻问切"的知识。

（2）梳理已经了解的消化类和感冒类疾病的症状和诊断依据。

（3）收集有关太极拳（需观看太极拳视频）的起源和发展过程。

（4）提出在行前准备中还存在的疑问。

【行中实践】

第 1 次课

研学目标：

了解中草药的生长和炮制过程；尝试学习"望闻问切"问诊法，感受中医治病的神奇；练习一套太极拳，感受"四两拨千斤"的神奇魅力。

研学准备：

学生准备一个记录本，在百草园观察时做好记录；也可以携带录音笔，进行记录；穿宽松的服装，便于学习太极拳。

活动内容：

（1）在讲解员的引领下到中医药大学标本室观察中草药及其标本。在标本室，同学们先听讲解员的讲解，了解草药标本的制作方法和工艺，再分小组观察，在作业单上画下自己认识的几种中草药。

（2）到中草药馆参观，在中医师的指导下尝试抓药。中医师先为学生演示抓药的动作要领、使用秤的方法，再让学生实际动手抓几味药，抓药的同时认识治疗常见病的中草药，不仅要观察外形，还要用规范的动作闻药材的味道。

（3）在中药馆里跟着视频展示的太极拳，学习一小段，边学习边感受太极拳的动作要领，亲身体会太极拳的神奇魅力。

★任务一：参观种植园和标本室，了解治疗消化、感冒两种常见病的常用中草药（任选三种），可拍照、可剪贴、记录药名、生长时的样子及炮制成中药的样子。

★任务二：请教专家（1 小时）解决自己的疑问。

第 2 次课

【课前准备】

学生提前查阅资料了解与思考两个问题："望闻问切"操作要领是什么？为什么可以"望闻问切"？梳理自己所了解的消化类和感冒类疾病的症状和诊断依据；收集关于太极拳强身健体的中医理论依据。

★任务一：参观河南中医药大学药材加工实训基地，用流程图或者思维导图表示一种中草药的炮制过程。请教专家为什么草药要炮制，炮制过程中影响药效的因素有哪些。

★任务二：在中药馆模拟医生运用"望闻问切"法为患者诊疗。学生两两分组，一人饰医生，一人饰患者，医生用"望闻问切"的方法为患者诊断病情，简单的模拟练习，让学生尝试一把当"小郎中"的感觉。

★任务三：在中医馆内聆听中医介绍消化类疾病和感冒类疾病常见药方的搭配药理。区分不同类型的消化、感冒类疾病配方为什么要有不同，了解与模仿中医为患者抓药的过程。

★任务四：通过访问，了解太极拳强身健体的中医学理论依据是什么，练习太极时注意什么。

【行后思考】

活动目标：

通过交流，深度感受中国人对中医药文化的挚爱之情；通过活动分享，引导学生传承发扬中医药文化，立下做中药传承人的愿望。

活动过程：

（1）回顾河南中医药大学的研学收获，用自己喜欢的方式描绘自己对中医药文化的理解。

（2）小组讨论，作为中医药文化的传承人，现在应该怎么做。

（3）引导学生交流：中医药文化作为我国优秀的传统文化，有着悠久的历史，在中国人心中对中医有着由衷的热爱。如果患病了，你更喜欢中医治疗还是西医治疗？为什么？

（4）教师提出问题，让学生谈一谈：你愿意做中医药传承人吗？原因是什么？然后在彩色卡纸上写出自己的心愿，折成纸飞机，放飞理想。

郑州市金水区文化路第一小学自 2007 年开始，结合社区场馆——河南博物院，开发与实施"走进博物院"课程，培养了一批批勇于实践、热爱中国文化、感悟劳动人民智慧力量的青少年。

走进博物院之建言博物院

【活动背景】

河南博物院是河南省青少年教育实践基地，与郑州市金水区文化路第一小学毗邻，部分家长还是博物院的工作人员，受家长影响，各年级都有学生利用节假日到博物院参观学习，有的还尝试做"义务讲解员"。博物院学习是教科书学习的解读与延伸。本学期从六年级学生的兴趣和认知规律出发，走进河南博物院，引导学生在以往的研究基础上，通过调查研究，对博物院的规划、文物陈列、场馆设施等方面，提出合理建议，并完成建言报告。学生在体验、探究与社会活动中逐步实现能力提升和精神成长，在活动中获得成就感。

【活动内容规划】

该课程在学校的三至六年级实施。根据学生年龄特征和能力水平，将课程内容进行了梯度规划。三、四年级的活动主题分别为"参观博物院"和"探宝博物院"；五、六年级的活动主题分别为"导游博物院"和"建言博物院"。

根据活动的需要采取分散课时与集中活动相结合的方式，分散课时由综合实践活动学科教师承担，集中参观活动由班主任、综合实践活动学科教师、家长志愿者、博物院工作人员共同参与完成。

【课程目标】

（1）问题解决：通过本学期的综合实践活动课，增强课程意识，培养自主发现问题、问题解决的能力，培养信息收集与处理能力、逻辑思维能力、实验与观察能力等。

（2）责任担当：养成团结合作、不怕困难的精神；培养根据活动计划能履行一件事并且完成的好习惯及做好活动日记、勤于反思的好习惯。

（3）创意物化：通过活动，培养批判性思维，敢于在调查研究的基础上，大胆建言，完成建言报告。

（4）价值体认：通过一系列研究活动，让学生关注社会现状，力所能及为一件事作出贡献，体现个体价值。

【课程实施步骤】

总述：分为三个实施阶段，共19课时，具体活动设计见附件2			
实施阶段	课时	活动内容	实施策略（请从教师的教学指导策略、活动指导策略、资源利用及学生需要准备的活动等方面进行描述）
准备阶段	1	课程纲要分享课	了解本期课程内容，调动活动的积极性。明确本期活动要求及评价办法
	1	确定活动主题	回顾上学期的研究情况，总结研究文物的主要方面，引导学生对有代表性的文物产生兴趣与疑问，引发学生的探究欲望
	1	结合小组	以兴趣为主，男女结合，优势互补，人数6人一组为原则自主结合
	1	设计小组简介	能够掌握小组简介要素，设计出具有自己特色的小组简介
	1	制订研究计划	各组自主制订研究计划
	1	修改完善研究计划	班级交流，修改完善研究计划

续表

总述：分为三个实施阶段，共 19 课时，具体活动设计见附件 2

实施阶段	2	自主研究	各组根据具体情况，课下通过上网、问卷调查、实地考察等方式，进行自主探究
	2	整理资料	对在博物院获得的资料进行整理和补充；对从网上收集的资料，能用简单的"资料卡"的形式进行摘抄、归纳、提出观点，为准确地阐述小组的研究结论做充分的准备
总结与汇报阶段	2	建言"质询会"	提前做好"质询"准备；学会针对某一问题进行"质询"；面对质询，有理有据；发现问题，坦然接受
	2	撰写建言报告	整理、记录研究成果，形成自己的观点；写出简单的研究报告
	2	建言发布会	邀请博物院工作人员参加建言发布会；同学们发布建言，并与博物院工作人员互动
	1	完善建言报告	根据博物院工作人员的建议修改报告，修改后的报告整理成册，送交河南博物院
评价阶段	1	成果资料展示	指导学生能够根据组员的特长进行合理的分工，展示前指导学生发现自己组存在的问题，找到解决的方法，并进行改进
	1	期末评价	根据各组活动的完成情况，进行综合评价。结合个人课堂活动情况，在小组长的带领下，对每个学生进行评价
	1	综合表彰	期末综合评价，评选出优秀小组和优秀个人，并颁发奖状

【课程评价】

为了让学生提高课程目标的达成度，检验和改进学生的"学"和教师的"教"，突出综合实践活动、研学课程、场馆学习等学习方式特性，关注学生在活动中的知识与能力、过程与方法、情感态度与价值观，发挥评价对教与学的导向作用，实现教—学—评的统一。遵循鼓励性原则、公平性原则、主体多元化原则、过程性评价与终结性评价相结合原则，设计具体评价策略如下。

（1）各活动小组在教师的带领下共同设计评价表，讨论制订评价标准，采用不同的评价形式，对本组成员课堂活动的情况及时进行记录与评价。

（2）课代表设计评价表格，协助教师做好对各组同学集体活动情况的评价，并及时记录，做好反馈、交流工作，督促各组积极参与活动。通过学生之间的评价交流，进一步提高学生评价的能力、问题解决的能力和总结的能力。

（3）外出实践活动，组长设计评价表，家长也参与评价。

（4）期末，根据评价内容各方面的权重比例，进行综合评价，确定每个学生的等级，评选"优秀小组"和"优秀个人"及"金水区实践创新好少年"，并颁发奖状。

【注意事项】

场馆学习不同于其他学科，它具有自己的独特性，在实施过程中要注意以下方面。

（1）学校必须建立综合实践活动课程实施管理制度及评价标准，以促进本课程的开发与实施的科学、系统与高效化。

（2）学校注重对教师的指导与培养，多与实施教师进行沟通，引领他们专业化成长。

（3）教师在实施过程中要注意以下九个方面，以确保课程实施的科学有效性。

①注重个体差异，允许优弱差距，但要给每一位学生机会和信心。

②给学生自主探究的空间，体现教师的指导作用。

③由于活动比较多，教师一定要多发现值得赞赏的学生，给他们赞扬和肯定，带动更多的学生自主、积极地参与到活动中。

④关注了解学生每一个阶段的活动，及时给学生一个客观、公正的评价，促进学生反思，激发学生参与的欲望和积极性。

⑤由于综合实践活动课程的特殊性，教师要注重培养学生的评价意识，提高学生的评价能力，完善自己的人格。

⑥注重生成性问题，能对其作出判断，根据需要调整自己的实施方案。

⑦注重学生有形成果的形成，如课程故事、小论文、研究报告等，培养学生整理资料的能力，体会成功的喜悦。

⑧教师在课程实施的过程中，要对教学参考书进行参考，可以根据情况调整活动内容或环节；平时要勤总结、勤反思、多动手、多动脑，留下自己与课程共同成长的资料。

⑨教师要通过多种形式，如每学期给家长一封信、调查问卷、校信通等与家长进行及时沟通，提高家长对孩子这门学科的关注、了解及参与度。

初中的场馆课程规划，应更加突出学科活动和思想的融合设计，不仅让学生运用专业的知识和技能融会贯通去问题解决，关键能力得到提高，还让学生的思维得到发展，感情态度观得到丰富，形成良好的品质和素养。例如，郑州市第六初级中学的课程规划"'三千年商都魅力绽放'——郑州商都遗址场馆课程"。

"三千年商都魅力绽放"
——郑州商都遗址场馆课程

郑州，有着得天独厚的地理位置。它地处中原腹地，为九州之中，十省通衢，它西依巍峨的中岳嵩山群峰连八朝古都洛阳，东临广阔的黄淮大平原接七朝古都开封，南邻三国故都许昌，依偎在母亲河的"臂弯"里，浩荡东流的九曲黄河，在这里孕育出灿烂的华夏文明。

夏商两朝先后在这里建都，公元前 1675 年，商汤创立中国历史上第二个奴隶制王朝，商汤建都亳（后称南亳，今商丘），后迁都郑州，亦称亳。郑州商代遗址位于郑州市区内，是国家重点文物保护单位之一。遗址中部有一座周长近7千米的商代城墙，距今3600年历史，也是商代王朝的政治、军事、经济、文化中心。

"七公里长的古城墙，一根能挑起郑州历史的扁担。"商代城墙遗址是世界早期文明史上少数几个具有规模的城市遗址，也是中华文明文脉不断、人脉不断的实物见证，是郑州成为国家历史文化名城、中国八大古都之一的重要补充。商代王城遗址是目前世界范围内现存同时期规模最大的都城遗址，跨越时空的商代王城，于无声中诉说着历史的厚重悠长。

激活沉睡的"文化库存"，让厚重的历史走进学生内心，连接起民族自信的桥梁。郑州市第六初级中学坐落于商代古城墙遗址宫殿区之内，具有得天独厚的地利条件。学校师生决定将场馆学习与研学相结合，了解商都文化，感受三千年商都魅力。

【课程目标】

（1）问题解决：依托场馆资源，基于历史学科开展学科研学活动，将书本知识得以应用与提升，研究与解决学生感兴趣的问题。

（2）责任担当：通过场馆学习，拓宽学生的眼界和知识面，提升学生的文化素养，培养学生对家乡的认同感和自豪感，激发学生的爱乡之情，自觉成为家乡传统文化宣扬和传承的责任担当者。

（3）价值体认：通过自主、合作、探究的学习方式，通过查找资料、实地考察、博物馆寻宝、办手抄报、故事大会、商都遗址文化义务宣讲等活动，锻炼学生收集资料、写作、口头表达等学科核心素养和合作、探究等综合能力，促进学生素质全面。

（4）创意物化：将研究成果以宣传海报、视频等形式进行推广，宣传商都文化。

【课程内容】

学校郑州商都遗址课程以"用好身边资源，讲好商城故事"为宗旨，挖掘场馆学习内涵，彰显学校特色文化。

郑州商都遗址课程分为三个部分。第一部分是感受商都文化，通过查找资料，实地考察（商都遗址公园、紫荆山公园、商诵广场、亳都内城墙遗址、杜岭方鼎广场等），走进博物馆寻宝等活动，学生充分了解商都遗址发掘、发现的历史，揭秘商城宫殿布局，透过商都文化、文物、历史名人故事了解商都的人文和历史。第二部分是展示商都文化，通过办商都知识手抄报、画商都宫殿图、讲商都故事等活动，使学生学以致用、知行合一，让厚重的历史文化鲜活生动地呈现出来。第三部分是宣扬商都文化，学生走进商都遗址，化身商都文化宣讲使者，为家乡文化传承和发扬贡献自己的力量，使学生综合素质和核心素养得到全面提升。

【课程实施】

为保证课程顺利实施，成立了课程小组，在课程开发、课程实践等方面制订详细规划，确保课程顺利开展。本课程的实施分为前期准备、知识储备、实地走访考察、传承宣传四个阶段。

（一）前期准备阶段

1.明确活动主题

基于调查课程组得知中学生对身边的遗址文化知之甚少，甚至是一无所知。"城北路"以何命名？学校门口的"隞墟"是什么意思？紫荆山附近的"亳都"遗址是什么？"玄鸟生商"是什么朝代的起源故事？学生对自己身边商代历史文化知识非常感兴趣，于是确定活动主题为"三千年商都魅力绽放"——郑州商都遗址课程。

2.设计规划

由课程组夏丽华老师召开动员大会，从此课程的指导思想、目标意义到研学的地点、路线、实施具体过程，再到预期的结果和收获等方面动员学生，让学生知道要做什么，怎么做，做得怎么样。

（二）知识储备阶段

1.了解郑州商都发掘历史

组织师生观看视频《文博河南——第9、10集郑州商城》，全面了解关于郑州商城七十年来发掘的相关常识。

2.了解商都人文和历史

学生充分利用网络或者文献资源，查找以下内容。

（1）图文并茂列出商代四百多年来的都城变迁和历代商王的名字。

（2）郑州商都的外城地图，以及相关区域的具体地点。

（3）郑州商都出土的著名文物，配以图片和相关文字介绍。

（4）商代的相关习俗、服饰等，配以图片和相关文字介绍。

（5）商代的明君贤相等著名人物，了解他们的故事。

（三）实地走访考察阶段

本阶段由课程组教师带领学生走进郑州商都遗址、博物馆等资源现场，以项目式学习为方式，组建项目式学习小组，走进场馆，感受魅力商都三千年文化故事，让学生知行合一，读万卷书，行万里路，亲身感受商都的璀璨历史。

实地走访考察活动开始前，课程组教师先后多次到商都遗址公园、紫荆山公园、河南博物院等实地考察，拟定研学线路，设计研学方案，制定好研学目标，确保学生的研学有目标、有任务、有收获、有体悟。同时为确保学生研学过程中的人身财产安全，课题组教师多次和家长代表沟通交流，争得家长的支持和帮助，并及时提醒学生安全注意事项，制订安全手册。

★活动一：行走商都遗址，感悟千年文化

研学地点：郑州商都遗址公园、紫荆山公园。

研学过程：课程组教师提前设计好研学任务单发给学生，学生以学习小组为单位在教师的带领下实地参观商都遗址景观、名人雕塑、历史典故、遗址纪念碑等，亲身感受商都三千年文化底蕴。学生边观察、边讨论、边记录，在行走中了解商都历史文化。

★活动二：行走商都遗址，讲述商都故事

研学地点：亳都内城城墙遗址、城东路商颂广场。

研学过程：课程组教师提前设计好研学任务单发给学生，学生以学习小组为单位在教师的带领下实地参观，了解"玄鸟生商"的历史故事，感悟诗经魅力，了解商朝建都郑州的历史发展故事，感受郑州作为中华腹地、自古成为王朝都城所在地的优越地理位置，增强学生对家乡的认同感和自豪感。

★活动三：寻宝河南博物院，感受商代文物

研学地点：河南博物院。

研学过程：课程组教师提前设计好研学任务单发给学生，学生以学习小组为单位在教师的带领下进入博物馆，寻商代文物宝物，感受三千年商代文明，寻找历史发展轨迹。使学生深入了解商代的人物服饰、生产生活方式、青铜器的发展史及制作工艺，整体感知商代文物特点。

（四）传承宣传阶段

为保证课程的深度和广度，使郑州商都文化课程成果惠及更多的同学和家乡的父老乡亲，同学们用多种形式展现研学收获：研学收获分享会、"梦回商都"手抄报展、"三千年魅力商都"征文比赛、"发生在我身边的商都故事大会""商都文物小百科"小视频制作比赛等活动，让学生的研学成果看得见，让学生的成长也看得见。另外，"我是商都文化宣传大使"活动让更多的学生志愿者走向街头、走向遗址现场，为更多的人送去郑州商都的历史文化故事，让厚重的文化底蕴深深烙在每位郑州人的心上。

【课程评价】

"三千年商都魅力绽放"——郑州商都遗址课程以激发兴趣，增强家乡认同感、自豪感为评价的基本原则，不仅注重学生知识的习得，更注重学生学习过程中的参与，以及学生在研学过程中情感、价值观的形成和感悟。课程评价采用点评、分享、展示、评比等方式。学生在研学过程中以文字和图片记录下研学中的收获，教师及时对学生的学习情况和成长历程进行点评和总结；每周召开一次收获分享会，学生及时总结梳理自己的所思、所悟、所得，让学生充分发挥自己的特长和才能；举办形式多样的比赛活动，如："梦回商都"手抄报展、"三千年魅力商都"征文比赛、"发生在我身边的商都故事大会""商都文物小百科"小视频制作等，充分给学生搭建自我展示的舞台，在提升学生综合素质和能力的同时，通过自评、互评、班级组评相结合的方式，记录学生的学习成果，激励学生学习的积极性和热情，以活动促进学生的反思和成长。

（郑州市第六初级中学郑州商都遗址研学课程组提供）

二、开发项目式课程

项目式学习受到全世界教师们越来越多的关注。参与项目式学习，能帮助学生提高批判性思考能力、信息分析能力、同伴协作能力、创造性问题解决的能力。在参与项目的过程中，学生逐渐提升了提出好问题、积极思考、时间管理、按时完成任务、正确面对困难、自主管理及自主学习等能力。

项目式学习要求教师不再只是传道授业者，而是学生探究过程中的向导和陪伴者。在高校场馆课程中，教师要引导学生参与到场馆课程的规划和设计中，选择关注点、确定探究主题、设计项目学习流程、评估学生活动等环节，都需要教师和学生共同对课程进行深入的规划和设计，在项目整体实践与探究、合作与交流过程中，发展学生核心素养。我们设计了以下四个项目课程开发的实施要素。

（一）设计项目任务

项目式学习的好坏，很大程度上与该项目是否与学生生活及社区紧密联系有关，好的项目可以帮助学生更好地理解学习的目的。项目式学习计划的核心是学生的学习目标。在高校场馆课程中，教师将"生活中的中药""如何舌诊""豫商名人""农作物的认识与种植"等与学生生活息息相关的内容作为学习目标，并通过完善项目规程、画廊漫步、学科年级组团队协作制订计划等方式，制定具有挑战性、有持续探究意义的项目计划。

（二）搭建学习支架

在 PBL 教学实践中，为学生搭建学习支架是非常必要的。无论学生起点在哪里，都可以获得学习上的成长。搭建学习支架，既要考虑服务全体学习者，又要考虑服务小群体，甚至可能是为个别学生的需求定制的。在高校场馆课程中，教师通过学习单的"问""思""辨"设计，从内容深度设计上进行了分层，为不同年龄层次的学生搭建了适当难度的支架。同时，在项目分组中，考虑到学生能力的差异，教师对学生进行了异质分组，让能力互补的学生在同一组，方便学生之间更好地给予对方支持。另外，教师在和学生一起完成场馆项目时，根据学生在场馆内的情况也会及时给予学生相应的学习支持，为学生搭建适合的学习支架。

（三）评估学生学习

以评估促发展，评估是促进学生学习的一种手段，是诊断教师"教"得怎么样的一种方式。在课程实施中，关注学生过程性评价、增值性评价，指向学生的核心素养，实现"教—学—评"一致性。在高校场馆课程中，教师通过课堂观察、过程性评价学习单（见附录 3）、成果汇报、作品展示等评估方式，采取个人和小组、自评与互评、家长评等形式，在学科知识和成功素养评估之间找到平衡，设计学生学习的多维评价体系，聚焦活动主题，发现学生在知识丰富、技能提升、情感态度价值观等方面的综合能力进阶和发展。

（四）建立教学管理

良好的项目式学习体验，在促进学生深度学习的同时，还会有效提升学生的自我管理能力和合作能力。首先，在高校场馆课程中，教师要合理分配个人和团队的工作时间：既有全班跟着讲解员听讲，也有自由参观、答疑时间，给学生独立思考和小组交流的机会。其次，教师还要关注学生的均衡分组，以促进每个学生都有选择和发言的机会，合理利用好各种项目学习的技术手段，有效支持学生自我管理、独立自主和协作能力的提高。最后，教师要为每个项目设定可行的时间表、检查节点和截止时间，保证项目的灵活度和完成度。

在课程实施中，我们基于项目学习理念和实施要素开发场馆学习，更能不断持续激发学生的探究欲望，让学生应用各学科的知识、技能与思想融会贯通，举一反三，建立纵向联系，打破单一学科的壁垒，在真实情境中问题解决，建立学生在整体活动中人与自我、他人、世界的联系，实现"知—情—意—行"融合的知行合一。如郑州市第七初级中学的场馆课程设计。

穿越时空的对话

【课程资源】

登封"天地之中"历史建筑群，位于中国河南省郑州市登封市嵩山地区，其中的各个建筑建成的时间从汉至清，时间跨度2000多年。它是中国时代跨度最长、建筑种类最多、文化内涵最丰富的古代建筑群之一，是中国先民独特宇宙观和审美观的真实体现。登封"天地之中"历史建筑群包括周公测景台和观星台，嵩岳寺塔，太室阙和中岳庙，少室阙，启母阙，嵩阳书院，会善寺，少林寺建筑群（包括常住院、塔林和初祖庵）等8处11项优秀历史建筑。2010年8月1日，在第34届世界遗产大会上，登封"天地之中"历史建筑群被正式列为世界文化遗产。

本课程以校外场馆学习为主，重点考察周公测景台、观星台、石淙会饮和嵩阳书院。

【课程目标】

（1）问题解决：探索地理、历史、美术等跨学科资源整合的综合实践课程，培养学生的历史时空观念、地理实践能力、审美情趣等核心素养。

（2）价值体认：充分利用乡土资源，融学于游，让学生在真实情境中感知时空的变迁，在实践活动中传承传统文化，培养学生的家国情怀。

（3）责任担当：在研究中培养学生的合作能力、沟通能力，培养团队精神和完成研究任务的责任感。

（4）创意物化：将研究成果以报告、视频、海报等形式进行宣传与推广，并能根据二十四节气开展美食制作活动。

【课程内容】

课程内容分为三个场地的研究与学习，分别是：天地之中，立竿见影——周公测景台、观星台与二十四节气；摩崖石刻，大唐盛宴——石淙会饮；千年文脉，儒学典范——嵩阳书院。

第一场地

天地之中，立竿见影——周公测景台、观星台与二十四节气

【背景材料】

周公测景台和观星台是"天地之中"宇宙观形成的最直接、最具说服力的

证据，其价值得到世界各地专家一致高度认可。周公测景台最早是西周为测日影而建的土圭，唐代在其旧址上仿旧制建成了留存现在的石圭测景台。

观星台位于登封市告成镇，是嵩山风景名胜区的八大景区之一。观星台由元代天文学家郭守敬创建，是我国现存最古老的天文台，也是世界上最著名的天文科学建筑物之一，它反映了我国古代科学家在天文学上的卓越成就，在世界天文史、建筑史上都有很高的价值，郭守敬和他的团队在这里编制出了当时世界上最先进的历法——《授时历》。1961年3月4日观星台被国务院公布为第一批中国重点文物保护单位。2016年二十四节气申遗成功，后观星台被定为二十四节气发祥地，有了"双遗产"的殊荣。

【活动目标】

（1）通过参观周公测景台，了解"天地之中"的由来。

（2）通过参观观星台，对观星台观测方法研究探讨，了解古人观测天文的历史和对天文观测作出的贡献。结合课本知识，模拟制作观测工具，写出观测方法及记录，掌握地球运动的规律、二十四节气划分的方法。

（3）通过对二十四节气的学习，能够说出家乡的气候四时的特点，以及二十四节气对农业生产和人们生活（主要是饮食）的影响。

【研学工具】

卷尺、木棍、铅笔、研学手册、绘图纸、墨镜、手机（或平板）

【具体活动】

★活动一：野外辨方向

列举三种野外辨方向的方法，其中必须包括立杆测影法。

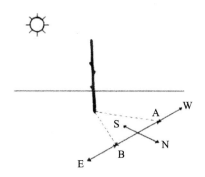

★活动二：周公测景台与"天地之中"的由来

探究任务1：周公测景台什么时间没有影子，为什么？

探究任务2：听周公测景故事，探"天地之中"的来历。

★活动三：地球运动规律及产生的意义

探究任务1：一天当中的物体影子是如何变化的？试着立杆测影，观测立杆的影长和方向的变化规律。

立杆高度绘图（或拍照）	时间点	影长变化（数据）	方向变化	变化规律及原因分析

探究任务2：一年当中的正午物体影子是如何变化的？（观察周期为一年，可设计圭表测量）

时点	表高	影长	影长变化规律及原因分析
冬至			
春分			
夏至			
秋分			

探究任务3：通过参观观星台，你能说出一天当中的时间（特别是当地正午时间）和一年当中的冬至和夏至节气是如何确定的吗？

★活动四：二十四节气是如何划分的

探究任务1：二十四节气都有哪些？今天属于哪个节气？三候分别是什么？

探究任务2：二十四节气分别在地球运动轨道的什么位置？画出二十四节气地球位置图。

探究任务3：通过对观星台的参观，你认为二十四节气是如何划分的？

★活动五：二十四节气与农业生产

探究任务：调查当地每个节气的农事活动，了解二十四节气和农业生产的关系。

访谈记录表

采访对象：　　　　　　　　时间：

当地主要作物		时间	附近节气
作物1	播种时间		
	收获时间		
作物2	播种时间		
	收获时间		
作物3	播种时间		
	收获时间		
总结当地作物熟制			

★活动六：二十四节气和饮食的关系

探究任务1：在冬至为什么人们喜欢吃饺子？

探究任务2：最近的节气是什么？时令食物有哪些？哪些是反季节食物？

探究任务3：为什么提倡吃时令食物？二十四节气和饮食的关系是什么？

★活动七：我与二十四节气

探究任务：查出自己生日时的节气，绘制该节气在地球公转轨道上的位置及该节气的物候、农业生产、美食、习俗等方面的内容。

★活动八：同学们可以根据自己的喜好，研究周公测景台、观星台的历史与文化，做到多学科的融合

（第二、第三场地设计略）

三、构建持续发展的课程群

场馆课程让学生通过不同场馆，感受不一样的学习情境，贯通学生课内外知识储备。跨学科的课程设计，可以促进学生对多学科知识与概念的整合，建立学习的思维框架。根据跨学科的课程特点，在场馆课程设计中，创新学生的学习方式，包括主题探究式学习、多学科项目式学习、合作体验式学习等。

如何根据大学的场馆特点、内容等构建不同的活动主题，落实"物器道"的教育观，践行"学、问、思、辨、行"的课程模型实践观，以有效的学习单为支架，培养学生科学的研究态度、勇于实践与探究的能力，提升学生跨学科的学习能力和综合能力，发展学生核心素养。

河南省第二实验中学周边有 6 所大学资源，学校开发与构建了 6 所场馆课程，各具特色。通过课程群落的设计与实践，以任务学习单为支架，促进学生的深度学习。

（一）中医药课程设计

河南中医药大学建有中医药基地，这为学生了解中医药文化，认知身边常见的中草药及其成长过程等，提供了真实实践的学习场所。该课程是在河南中医药大学系列场馆内开展的特色学生实践活动。将中原丰富的中医药文化底蕴与学校教学体系紧密相连，强调"教学做合一"的理念，设计实施"不

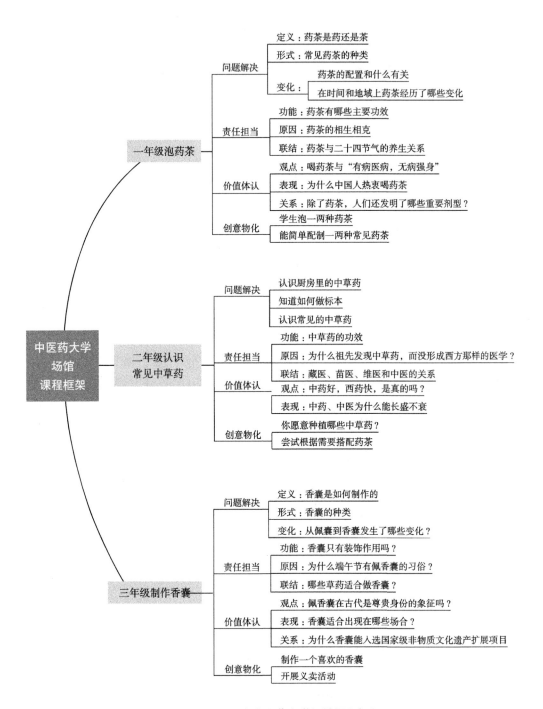

图 2-1　河南中医药大学场馆课程框架

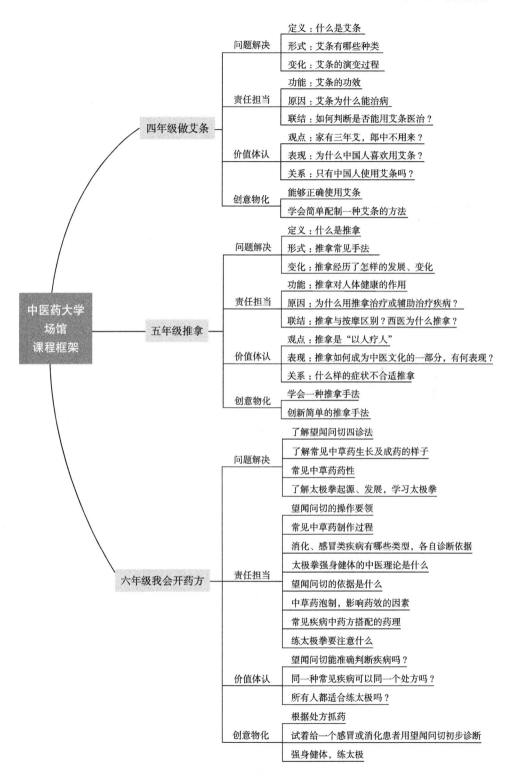

同学段"的研学课程，培养学生科学思维方式和学习能力。通过课程实施，在学生幼小的心田播下中医药这颗伟大的种子，让国医国药衍射文化之光，让学生们从小了解中原文明，增强文化自信。

基于中医文化的博大精深，我们构建了一至六年级不同的场馆学习课程（图2-1）及学习单（见表2-1~表2-6），让学生在不同的阶段经历不同的课程内容，实现课程内容的不断叠加、学生能力的不断叠加、学生思维和智慧的不断重构和创新，逐步增强学生对中医文化的了解，并将其应用到生活中去。

一至六年级河南中医药大学场馆课程学习框架见表2-1~表2-6所示。

表2-1　河南中医药大学场馆课程学习单

（一年级）——药茶

进阶	九大概念	问题	预设活动	开展方式	呈现方式	学科
物	定义	药茶是"药"还是"茶"？	—	查阅资料、小组讨论	文字资料	语文
	变化	药茶配制	绘制一种药茶配制流程漫画（任意选择一种药茶配方进行绘制）	查相关资料画图	药酒制作、漫画	美术
器	功能	是药三分毒，药茶有没有"毒"？	不同药茶的适用范围（人群、病症）知多少？	教师查资料、学生小组讨论	思维导图、表格	语文科学
	原因	药茶的相生与相克	哪些中草药可以组合制作药茶，哪些中草药不可以？	小组讨论、实际操作	文字资料、实际制作	语文道德与法治
	联结	药茶与二十四节气的养生关系	探究药茶与节气之间的养生关系	向大家介绍其中一种时令茶	交流展示会	语文道德与法治

进阶	九大概念	问题	预设活动	开展方式	呈现方式	学科
道	观点	药食同源，药茶在我国有几千年的历史，不少人认为喝药茶"有病医病，无病强身"	你是否认同这个观点？陈述理由	提供学习单辅助查资料	文字资料、图片展示	语文科学
	表现	为什么中国人热衷于药茶？	茶背后的文化象征，禅茶一味	收集资料	文字资料	科学美术
	关系	除了药茶外，人们还发明了哪些中药剂型？	简单了解中医药里有丸、散、膏、丹、酒、露、汤、锭八种剂型	教师查资料、培养学生处理信息的能力	文字资料、思维导图	语文科学

表 2-2　河南中医药大学场馆课程学习单
（二年级）——认识常见中草药

进阶	九大概念	问题	预设活动	开展方式	呈现方式	学科
物	定义	认识哪些常见的中草药？	—	收集资料、图片	文字	语文科学
	变化	草药标本的形式从古至今有什么变化呢？	古代的草药标本是什么样的？现在的草药标本是什么样的？	收集资料、图片	图片交流会	语文科学
器	功能	中草药有什么功效？	列举几味中草药的功效	收集资料、图片	思维导图	语文
	原因	为什么我们的祖先会发现中草药，而没有形成西方那样的医学？	查阅资料了解中草药和中医的形成	收集资料、图片	思维导图、文字资料	语文科学
	联结	一副中草药的价值来自哪里？	一副中药里有许多味中草药？为什么会有这么多种草药呢？	收集资料	思维导图、视频讲解	语文科学

进阶	九大概念	问题	预设活动	开展方式	呈现方式	学科
道	观点	常有人说"中药好，西药快"，是真的吗？	了解中草药的平稳性，列举中草药名字、产地、功效	收集资料、图片	文字资料、图片展示	语文美术
	表现	为什么在西医盛行的时代，中药、中医依旧能够长盛不衰？	通过资料查找，你了解到中药在哪些场合发挥了它不可撼动的地位？如果给你一个机会制作一个草药标本，你会怎么做？	收集资料	画或制作草药标本	语文美术
	关系	如果有机会，你愿意种植哪种中草药？你是否可以自己尝试搭配一种药茶？	了解温热草药（冬虫夏草、山楂、当归）知道它的样子、功效。尝试自己调制一种药茶	查资料	文字资料	语文美术

表2–3 河南中医药大学场馆课程学习单
（三年级）——香囊

进阶	九大概念	问题	预设活动	开展方式	呈现方式	学科
物	定义	香囊又叫什么？	—	查资料、小组讨论	文字资料	语文
	形式	香囊的质地种类有哪些？	知识香囊家族的知识？	查资料	表格	科学
	变化	从"佩囊"到"香囊"发生了哪些变化？	最初佩囊是用来做什么的？佩囊和香囊有什么共同点？	查资料、小组讨论	文字、图片	美术
器	功能	香囊只有装饰作用吗？	（1）香囊作用知多少？（2）列举出香囊的种类和它的具体功用（香佩法或者香嗅法）	查资料	思维导图、表格	语文科学
	原因	为什么端午节有佩戴香囊的习俗？	（1）端午节的香囊原料都有哪些？主要作用是什么？（2）做一做香囊	查资料、小组讨论、实际操作	文字资料、实操做香囊	语文道德与法治

续表

进阶	九大概念	问题	预设活动	开展方式	呈现方式	学科
器	联结	哪些药草适合做香囊?	了解中草药的平稳性,列举中草药名字、产地、功效	推介会	文字资料展示会	语文 道德与法治
道	观点	佩香囊在古代为什么能成为尊贵身份的象征?	—	收集资料、图片	文字资料、图片展示	语文 美术
	表现	中国古代为什么把香囊当作定情信物?	收集有关香囊传情达意古诗词	收集资料	文字资料制作	语文 美术
	关系	为什么香囊能入选国家级非物质文化遗产扩展项目名录?	香囊里都有什么秘密?	查资料	文字资料	语文 美术

表2-4　河南中医药大学场馆课程学习单
(四年级)——艾灸

进阶	细分	探究问题	活动预设	活动探究安排	呈现形式	学科设置
物	定义	艾条是什么?	艾条成分有哪些?画个示意图	查阅资料、医药大学专家咨询	文字、图片(手绘或照片)、视频、思维导图	科学 美术
	形式	艾条有哪些种类?	艾条家族知多少?			科学
	变化	艾条经历了什么演变过程?	艾条的前世今生,用时间轴展示出来			道德与法治 科学
器	功能	艾条主要的疗效?	试着用艾条给家人做一次艾灸	查阅资料、请教专家、观摩学习	文字、图表(手绘或照片)、视频、思维导图	科学
	原因	艾条为什么能医治疾病?	小小科学家:揭秘艾条治病的原理			语文 道德与法治
	联结	如何判断是否可以使用艾条进行治疗?	小记者行动:到中医药大学里采访专家,咨询什么样的病适合用艾条治疗,作详细的采访记录			科学

续表

进阶	细分	探究问题	活动预设	活动探究安排	呈现形式	学科设置
道	观点	"家有三年艾，郎中不用来。"艾条果真有这种奇效吗？	你身边有哪些人用艾条医病？医过什么病？效果如何？做一次采访调查报告	查阅资料、小组讨论、请教专家	文字、表（手绘或照片）、思维导图	语文科学
	表现	为什么中国人生病了喜欢用艾条？	艾灸源于中国，中国人爱用艾条治病，到底是为什么？			道德与法治科学
	关系	为什么中国人能创造艾条治疗的方法？	艾灸就是中国特色中医药治疗方法，这个发明让无数中国人受益，为什么中国人能创造艾灸疗法呢？			语文道德与法治

表2-5　河南中医药大学场馆课程学习单
（五年级）——推拿

进阶	九大概念	问题	预设活动	开展方式	呈现方式
物	定义	什么是推拿？	查：查资料，了解什么是推拿，全班交流。	学生查资料讨论	思维导图
	形式	推拿有哪些种类？	问：问问身边的人，知道推拿吗？	学生查资料	表格
	变化	推拿的发展历史是怎样的？	访：到推拿店、有推拿科的医院做一个简单的采访	查相关资料、画图	时间轴
器	功能	推拿对人的健康有什么用？	查：用思维导图的方式列举推拿的积极作用。	查资料、制作思维导图	思维导图、表格、文字资料、采访、视频
	原因	为什么用推拿的方式来促进健康？（治疗或者辅助治疗疾病）	问：采访推拿医生或者接受过推拿治疗的人，获得这方面的信息。 比：查推拿和其他的治疗疾病的方式有什么不一样。	学生查资料、实际操作	
	联结	推拿和按摩有什么区别？西方医学里有没有推拿？	比：中西医对比，思考西方医学里有没有推拿，为什么（查找资料，思考讨论交流）		

进阶	九大概念	问题	预设活动	开展方式	呈现方式
道	观点	人们说，推拿是"以人疗人"，该怎么理解？	什么叫"以人疗人"？以人疗人的科学性和主观性该怎么掌握？ 查、问、访，清楚"以人疗人"的具体表现和含义。 思："以人疗人"有科学依据吗？它的主观性更大还是科学性更大？还有哪些是重在发挥人的主观性的？	收集资料、收集图片、作业单	文字资料、图片展示
	表现	推拿店、推拿学校、医院里的中医康复科。推拿是一种文化吗？	推拿店、推拿学校、医院里的中医康复科这些和推拿有关的场所各自的功能和作用是什么？从而思考，推拿是不是一种文化？ 采访：整理文字采访记录、采访视频	收集资料	文字资料、采访视频

表 2-6　河南中医药大学场馆课程学习单
（六年级）——我会开药方

实施策略	问题导引	活动探究安排	呈现形式	辅助学科	课时安排
学	（1）了解"望闻问切"四诊法。 （2）了解常见中草药（治疗消化、感冒的中草药）生长时的样子及制成草药时的样子。 （3）常见中草药的药性及药效。 （4）了解太极拳的起源、发展，学习太极拳	（1）查阅资料、中医药大学专家咨询。 （2）查阅资料、参观种植园、参观标本。 （3）查阅资料、请教专家。 （4）查阅资料、请教专家，学习太极拳	文字、图片（手绘或照片）、访谈视频、思维导图、练习太极的视频	科学、语文、体育、美术、计算机	3课时（其中实地参观占1课时）；太极拳学习需持续
问	（1）"望闻问切"操作要领是什么？ （2）常见中草药的制药过程是什么样的？ （3）消化、感冒类疾病常见有哪些类型？各自诊断依据是什么？ （4）太极拳强身健体的中医理论依据是什么？	（1）查阅资料、请教专家、观摩学习。 （2）查阅资料、请教专家、实地参观考察。 （3）查阅资料、请教专家、观摩学习。 （4）查阅资料、请教专家、学习太极拳	文字、图示、思维导图、访谈视频、练习太极的视频	科学、语文、体育、美术、计算机	3课时（其中观摩学习和实地参观各占1课时）；太极拳学习需持续

续表

实施策略	问题导引	活动探究安排	呈现形式	辅助学科	课时安排
思	（1）为什么可以"望闻问切"？ （2）为什么草药要经过这样的炮制？炮制过程中，影响药效的因素有哪些？ （3）消化、感冒等常见药方的搭配依靠什么药理？不同类型的消化、感冒类疾病配方为什么要有不同？ （4）我们为什么要练太极？练习太极时注意什么？	查阅资料、小组讨论、请教专家、学习太极拳	文字、图示、思维导图、访谈视频、练习太极的视频	科学、语文、体育、计算机	3课时；太极拳学习需持续
辨	（1）"望闻问切"能准确判断病情吗？ （2）同一类消化、感冒等常见病就可以用同一个处方吗？ （3）所有人都适合练太极吗？	查阅资料、小组讨论、不同观点辩论、学习太极拳	文字、图表、思维导图、练习太极的视频	科学、语文、体育、计算机	2课时；太极拳学习需持续
行	（1）根据药方抓药、判断疾病类型。 （2）试着给一个患感冒或者消化疾病的人用"望闻问切"的方法作出病情诊断，并开一个药方。 （3）强身健体：练习太极	（1）在专家指导下模拟药房实践。 （2）实际实践，请专家评判指导。 （3）学习太极拳	抓药视频、诊断视频及药方、练习太极的视频	科学、语文、体育、计算机	2课时；太极拳学习需持续

（二）河南农业大学场馆设计

在河南农业大学农业文明厅的课程设计中（图 2-2），学生依托学习单（表 2-7、表 2-8），通过实地考察，参观等，让学生通过听讲解和看资料图片、查阅补充资料了解农业发展史，学生在中国几千年的农业文明里探究农业发展的历程，实现了从古到今的思维跨越；聚焦河南农业发展史，并了解全国不同区域农业发展的大背景，感受河南农业在全国农业中的地位，实现了空间的思维跨越。通过这些，同学们就可以举一反三，探究中国农业发展在世界农业发展史上的地位和价值。这是一种思维的迁移。

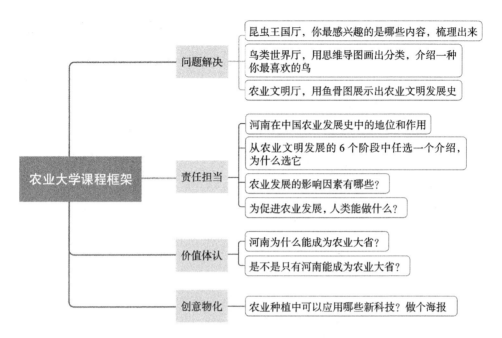

图 2-2 河南农业大学课程框架

表 2-7 河南农业大学场馆课程学习单（1）

在河南农业大学，我们要参观三个展厅，请认真观察、倾听、记录。

学	昆虫王国厅：你最感兴趣的是哪种昆虫？请用思维导图或文字对它进行介绍，并写出感兴趣的原因	介绍	
		感兴趣的原因	
	鸟类世界厅：你最感兴趣的是哪种鸟类？请用思维导图或文字对它进行介绍，并写出感兴趣的原因	介绍	
		感兴趣的原因	
	农业文明厅：请你用鱼骨图展现出农业文明发展史，并标志出每个阶段的代表性事物（1~2 个）		

表 2-8 河南农业大学场馆课程学习单（2）

河南地处黄河中下游，是中国古代文明发祥地之一，是一个农业大省，作为河南人，我们要深入了解河南的农业文明。

问	河南在中国农业文明发展史中有什么样的重要地位和作用？	
	从农业文明发展史的 6 个阶段中任选一个阶段，用思维导图或文字进行详细说明（挑战题，选做）	
思	农业发展的影响因素有哪些？	
	为促进农业发展，人类能做些什么？	
辨	河南为什么可以成为农业大省？	
	是不是只有河南可以成为农业大省？	
行	随着科技的发展，我们有没有可能在农业种植中使用到更多的科技，助力农业发展？请举例说明	

（三）戏曲博物馆课程

在戏曲博物馆里，学校先建构戏曲博物馆课程框架（图 2-3），再搭建学生学习单（表 2-9），通过让学生探究"豫剧被称为中国歌剧，与西方歌剧有什么异同""戏曲的板式可以换成西方的节拍吗？"这样的问题，使学生通过文字资料和视听资料感受戏曲板式和西方节拍的异同；特别是通过视听资料，使学生置身在不同文化、不同情境中去感受两者的异同，从而实现中西方文化的跨越，实现跨情境的体验感受，不仅培养了跨文化思维，而且培养了跨情境思维。

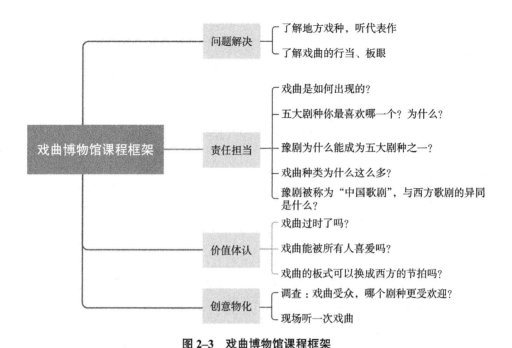

图2-3　戏曲博物馆课程框架

表2-9　六年级戏曲博物馆场馆课程学习单

学	（1）了解戏曲音乐的发展史。 （2）了解河南的地方戏剧种有哪些，听一听其代表作。 （3）了解中国五大剧种，听一听其代表作。 （4）了解戏曲的行当、板眼	
问	（1）戏曲是突然出现的吗？它的前身是什么？ （2）河南地方戏种类你知道多少？你是通过什么渠道知道的？ （3）豫剧的代表作有哪些？请找一首你最喜欢的作品听一听它的板式。 （4）五大剧种中你最喜欢哪个？为什么？	
思	（1）河南地方戏剧种这么多，为什么豫剧能成为中国五大剧种之一？ （2）你觉得戏曲现在已经过时了吗？为什么？ （3）豫剧被西方人称赞是"中国歌剧"，它和西方的歌剧有什么相同与不同？ （4）为什么戏曲的种类能如此之多？你觉得是什么原因造成的？	

续表

辨	（1）戏曲应该"守旧"还是"革新"？ （2）戏曲的板式可以换成西方的节拍吗？ （3）戏曲能被所有人喜爱吗？为什么？	
行	（1）小组合作排一段你喜欢的戏曲片段。 （2）分小组对戏曲的现状受众作调查，现在喜欢戏曲的人多吗？他们主要是什么年龄阶段？哪个剧种更受欢迎？ （3）现场听一次戏曲	

（四）豫商博物馆课程

作为有着悠久历史的中原大地，豫商文化也在其中闪烁着耀眼的光芒。学校构建豫商博物馆课程框架（图2-4）与行前学习单、行中学习单（表2-10、表2-11）相结合，为学生的活动提供全方位的有效保障。学生们以集体旅行的方式走出校园，走进河南经贸职业学院豫商博物馆。通过学习单的前期先学、学中的实地考察、学后的交流反馈，让学生们在思想的碰撞和梳理中，触摸豫商发展的辉煌历史，让学生们了解在商业发展中形成的货币文化并链接生活，从而知道影响商业发展的多重要素。同时，学生们在了解河南商业发展的基础知识上，知道在商业发展的历史长河中河南占据的重要作用，以及形成的不同时期独特的豫商文化，增强学生作为河南人的自豪感。

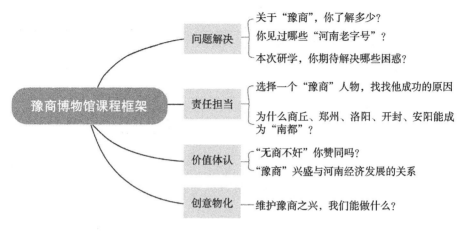

图 2-4 豫商博物馆课程框架

表 2-10 河南经贸学院豫商博物馆场馆课程行前学习单

学	1.关于"豫商",你了解多少?查资料梳理关于"豫商"的相关内容
	2.在我们日常生活中,你都见过哪些被称为河南老字号的商家?把你知道的列举出来
问	对于本次研学活动,你期待解决哪些心中的疑惑?

学道——行走的课程

表 2-11 河南经贸学院豫商博物馆场馆课程行中学习单

思	1.选择一位你最感兴趣的古今"豫商"代表人物，用自己的方式记录和他相关的传说或故事，然后讲给你的家人朋友听，并说一说你感兴趣的原因
	2.在豫商历史的发展过程中，为什么"商丘、郑州、洛阳、开封、安阳"五个城市能成为"豫商之都"呢？结合讲解，简单陈述你的理由
辨	1."无商不奸"是说商人都是唯利是图的，通过今天的研学，你赞同这种说法吗？请你结合"豫商"的文化精神传承，说一说你的想法
	2.说一说"豫商"的兴盛与河南经济发展的关系
行	作为一名学生，维护豫商之兴，我们能做些什么？

（五）航院场馆课程

在郑州航空工业管理学院的航空文化馆课程设计中（图 2–5），先从"学、问"建立学习单（表 2–12），让学生初步了解与飞机有关的基本知识，随后从"思、辨、行"学习单（表 2–13）开展进一步活动。整体活动设计让学生参观了解飞机的飞行原理及近代民航运输机和军用战斗机的发展史及改进方向以后，自行设计一架飞机。在这个过程中，学生查阅各种资料做相关研究，并要和小组同学讨论设计思路、改进措施，征求教师建议，最后再完整地呈现。这是一个复杂的学习过程，真正实现了师生交互学习。

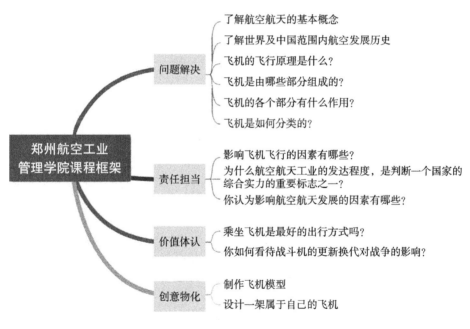

图 2–5　郑州航空工业管理学院课程框架

表 2–12　郑州航空工业管理学院场馆课程学习单（1）

学	了解航空航天的基本概念	
	了解世界及中国范围内航空发展历史	
问	飞机的飞行原理是什么？	
	飞机是由哪些部分组成的？	
	飞机的各个部分有什么作用？	
	飞机是如何分类的？	

表 2–13　郑州航空工业管理学院场馆课程学习单（2）

思	影响飞机飞行的因素有哪些？	
	为什么航空航天工业的发达程度，是判断一个国家的综合实力的重要标志之一？	
	你认为影响航空航天发展的因素有哪些？	
辨	乘坐飞机是最好的出行方式吗？	
	你如何看待战斗机的更新换代对战争的影响？	
行	制作飞机模型	
	设计一架属于自己的飞机	

（六）大数据研究院课程

在大数据研究院的场馆课程中，学生通过亲自体验 VR，感受模拟虚幻空间，将这样的体验表达出来，并试着分析优势和不足，提出自己的改进建议。这样的学习经历远远比教师讲解带来的体验深刻，并且能发挥学生的主观能动性，促使他们通过查阅资料、请教教师、与同学讨论互动等方式问题解决，能力和思维在其中得到极大发展。大数据研究院课程框架及学习单如图 2-6、表 2-14 所示。

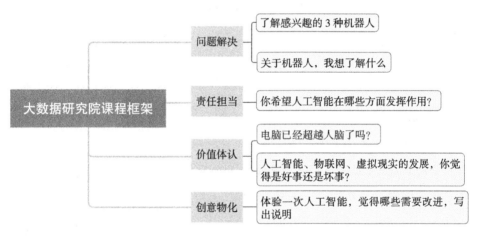

图 2-6　大数据研究院课程框架

表 2-14　河南省大数据研究院场馆课程学习单

学	你最感兴趣的项目或机器人（选择 3 个，写出名字，并试着画出来）	
	我对它已经有了一些了解	
问	关于它，我还想知道	

续表

思	人工智能、物联网、虚拟现实已经涵盖了我们生活的方方面面，你最希望它们能够在哪一方面发挥作用？为什么？	
辨	"阿尔法狗"这么厉害，说明电脑已经超越人脑了吗？关于这个问题，专家说是人类成就了人工智能机器人，人工智能机器人的成功是人类工程师的努力换来的，因此还是人类赢了。你同意这个观点吗？	
	人工智能、物联网、虚拟现实的发展，你觉得是好事还是坏事？	
行	体验一次人工智能、物联网或虚拟现实技术，你觉得还有哪些需要改进的地方？结合这次体验具体说明	

可见，每一个场馆课程都以"问思辨"课程实践模型保障活动有效实施，具体细化活动设计，搭建"学、问、思、辨、行"的研究学习支架，让学生的学习真实发生，多元发生，深度发展，逐步提升学生的思维品质，让学生在课程中得到自主、自由地发挥与施展。如金水区外国语实验小学活动案例"传承红色基因 感悟百年历程——参观郑州二七罢工纪念塔"。

传承红色基因 感悟百年历程——参观郑州二七罢工纪念塔

【活动背景】

金水区外国语实验小学自 2020 年结合少先队活动，开设研学课程，设有"聆听'黄河故事'爱国主义主题研学课程""参观'郑州二七罢工纪念塔'爱国主义主题研学课程""行走在郑州研学课程"等红色研学课程，其目的是教育引导学生用脚步丈量祖国大地，用眼睛发现中国精神，用耳朵倾听人民呼声，用内心感应时代脉搏。

"参观郑州二七罢工纪念塔"意在让学生了解郑州的标志性建筑及其意义，走近郑州文化，讲好红色革命故事，传承革命英雄精神。

【课程目标】

（1）问题解决：通过此次研学，使学生了解"郑州二七罢工纪念塔"的建造历程，增强学生对二七大罢工的历史意义和革命英雄事迹的认识和理解。

（2）责任担当：通过学习先进革命人物的事迹和奉献精神，明确作为新时代学生所肩负的历史使命，增强学生的历史责任感，珍惜来之不易的幸福生活，进一步激发学生的爱国情怀。

（3）价值体认：通过红色研学的熏陶，使学生懂得珍惜、学会感恩、立志报国、自觉践行社会主义核心价值观，为实现中华民族伟大复兴的中国梦想而努力奋斗。

（4）创意物化：将研究成果以报告形式、视频形式进行宣传与推广。

【研究项目】

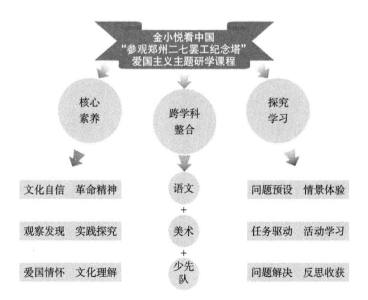

【实践探究】

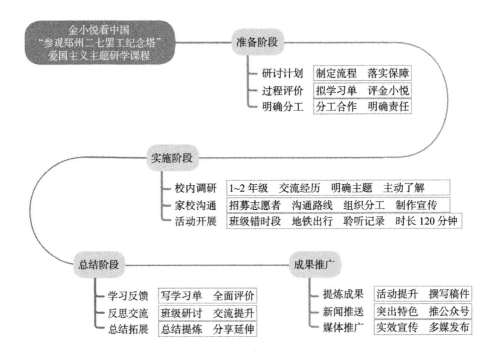

课程重点环节阐述：

1.场馆学习

以问题驱动为导向，引导学生"行"与"知"、"学"与"思"。活动前引导学生自主收集、准备"郑州二七罢工纪念塔"相关研学资料，提出研究的问题，激发学习主动性和研究欲望。在场馆中，学生根据问题开展研究活动，通过听教师讲解、查看馆内资料、参与场馆体验活动等，了解"郑州二七罢工纪念塔"的基本情况、建造历程和革命英雄人物事迹。学生的研究能力、思考能力、交流能力、问题解决的能力得到进一步的提升。

2.活动交流

班级组织开展项目式学习成果展示交流。在教师的引导下，学生能熟练讲述"郑州二七罢工纪念塔"建造历程和革命英雄的奉献精神及人物事迹，自主完成绘画作品、撰写研学收获。通过交流总结，使学生在了解"郑州二七罢工纪念塔""前世今生"的同时，被一个个英雄的事迹深深地感染，燃起心中的英雄梦，激发学生学习知识、报效祖国的爱国初心，激励学生为实现中华民族伟大复兴的中国梦不懈奋斗的历史使命。

3. 活动评价

课程始终关注每一个学生的学习态度、学习方法、行为习惯，以及"研学单"完成、绘画作品创作、研学收获撰写、交流研讨参与等情况，做好过程性、终结性评价，对优秀学生颁发"金外'悦之星'"奖状。整个过程，学生作为评价主体，感知丰富、收获满满。他们在研学课程中主动学习、积极思考，获得了更有宽度、广度和深度的学习机会，发现了更专注而赤诚、优秀而全面的自己。

【活动深化】

学生活动评价表见表2-15所示。

表2-15 学生活动评价表

项目	等级		
	优秀	良好	合格
认知能力	能了解郑州二七罢工纪念塔的基本情况，熟悉其建造历程和革命英雄人物事迹	能基本了解郑州二七罢工纪念塔的基本情况、建造历程和革命英雄人物事迹	能初步了解郑州二七罢工纪念塔的基本情况
实践活动	能认真、独立完成郑州二七罢工纪念塔的绘画作品	态度认真，在教师或同伴的指导下完成郑州二七罢工纪念塔的绘画作品	态度较认真，在教师或同伴的指导下基本完成郑州二七罢工纪念塔的绘画作品
情感体验	了解并认同郑州二七罢工纪念塔的历史和文化，能熟练讲述其建造历程和革命英雄的奉献精神及人物事迹	了解并认同郑州二七罢工纪念塔的历史和文化，能独立讲述其中简单的故事	了解并认同郑州二七罢工纪念塔的历史和文化，在教师的指导下能熟记其革命精神及人物事迹
总结创新	能根据活动经历，独立创作，完成郑州二七罢工纪念塔的研学收获撰写	能根据活动经历，在教师或同伴的指导下完成郑州二七罢工纪念塔的研学收获撰写	能根据活动经历，在教师或同伴的指导下基本完成郑州二七罢工纪念塔的研学收获撰写

【课程升华】

1.走出学校 实践探究

场馆学习是推进素质教育的一项重要举措，既是课堂教学的延伸扩展，又是社会实践的崭新要求。学校要将场馆课程纳入教育教学计划，与学校综合实践活动课程进行统筹考虑，与德育课程有机衔接，全面加强学生的综合运用、动手实践、问题解决的能力，促使课本知识与实践操作的融合与深化。

2.学科融合 丰富课程

在研学课程开展的过程中，进行多学科的融合，使研学活动更加丰富。学生在填写研学单时运用语言表达能力；在计划研学路线时，运用数学思维逻辑能力；道德与法治影响着学生们的言行举止，养成良好的行为习惯。另外，还会涉及美术、音乐等学科，多学科的融合使活动更有层次和深度。

3.家校合育 共育未来

学习研学课程以"家校·悦合"课程为依托，实施过程中得到了家长的大力支持，在家长们的助力下，"家校社"携手，共同帮助学生在与平常不同的、多彩的学习和生活中拓宽视野、丰富知识。

第三节　场馆教育的评价与资源开发

一、设计场馆课程评价体系

课程评价可以对课程学习过程中学生的表现、效果进行诊断、反馈，促进学校不断调整、丰富和完善课程设计与实施，从而更好地促进学生的健康发展。

（一）评价的原则

基于场馆课程的特征和实践意义，在对学生进行评价时，不能只关注结果，而要关注学生在活动中的发展，体现科学性、系统性、综合性、发展性、指导性原则。

（二）评价对象与主体

评价主体的多元化、互动化可以获得多信息渠道的评价信息，促进被评者的发展。由此，我们构建了学生评价、教师评价、资源提供方评价，共同开展自评、他人评价等，进行综合考量和诊断，促进学生发展，指出努力方向，实现及时反思与总结，持续激励学生成长。

（三）评价的内容与细则

小学阶段，学生的年龄不同、认知程度也不同。以学生为中心，就是要关注学生的学习需求和学习体验，根据学生的年龄特征和各年级学生的认知水平差异，设定不同层次的场馆教育目标，做好课程规划，更好地开展场馆课程。低学段学生好奇心强、活泼好动、敢于提问，课程设计要增加生动性和互动性体验，加强学生的体验式学习。中学段学生独立意识增强，需要独立思考问题，课程设计不能只停留在"问"这样知识层面的探究，更要引导学生深度思考。高学段学生逻辑思维能力强，课程要增加与学生生活和已有知识的深度链接，帮助学生建构思维框架。基于学生年龄特征及场馆学习的意义，我们设置以下评价体系（表2-16）。

表2-16　场馆学习行前、行中、行后整体评价表

	学科	评价工具	具体形式	评价方式
行前	（各参与学科）	前期主要以调查问卷与任务单为主	调查问卷：从问卷中获取学生已知与未知，了解学生的学习需求	前期调查
	A学科	××	任务单：通过任务单让学生在课前收集所需相关知识，并设计主问题启发学生延展思考，作好课程前的准备	
	B学科	××		
行中	A学科	中期主要以思维导读等过程性成果为主	思维导图：思维导图等过程性成果根据完成情况分为三个等级： ★★★★★ ★★★★ ★★★ 要求：内容（完整度、有效性、逻辑性），形式（视效）	形成性评价
	B学科	××		
	C学科	××		
	D学科	××		
行后	A学科	后期主要以研究报告、PBL成果展示、视频分享为主	研究报告根据完成情况分为三个等级： ★★★★★ ★★★★ ★★★ 要求：科学性、可操作性、完整性	终结性评价
行后	B学科	××	PBL成果展示根据完成情况分为三个等级： ★★★★★ ★★★★ ★★★ 要求：形式、科学性	终结性评价
	C学科	××	视频分享根据完成情况分为三个等级： ★★★★★ ★★★★ ★★★ 要求：完整性、表达是否清晰	
	D学科	××		

（四）评价方法与措施

场馆课程根据中小学学段特点、课程主题、课程目标的不同，分别在课程前（调查问卷获取数据、核心问题的归纳整理和确定）、课程中（通过动态、多维的过程性评价方式评价掌握学生参与效果）、课程后（以 PBL 成果展示、调查报告、可视化量表、可视化效果图等方式展示学习成果）对学生的探究情况进行评价跟踪，掌握学生的过程动态，以及时进行针对性的调整。以下是学生的活动收获，我们可以感受到学生在活动中得以成长，这也是课程实施的意义所在。

参观博物院收获多

今天上午 10 点，我们小组约定一起去博物院参观。妈妈带我准时来到学校时，李雨桐、杜明月和孟雨已经到了，只有裴嘉睿和孔铭泽还没有来。妈妈给裴嘉睿打电话，他爸爸说不到 8 点他就出门了，说和同院的胡海全一起去博物院参观。我们没有孔铭泽的电话，跟门卫师傅交代后，我们几个一起坐着李雨桐妈妈开的汽车向博物院出发。

到了博物院，领了参观卡后，我们向展厅走去。一到一楼大厅，我们几个就兴奋地向前跑去，因为我们的研究对象——雕塑"人与自然"就在前面。我们高兴地在雕塑前合影留念，然后开始找相关的文字介绍。这时，我们发现，周围没有任何介绍这个雕塑的内容，这可怎么办呢？这时，李雨桐的妈妈说："你们觉得哪些人可能知道答案呢？""哦，工作人员！"我们齐声回答。然后，我们开始向工作人员询问。可是，好多工作人员也不知道。最后，有一位阿姨告诉我们，这个雕塑代表河南的简称"豫"，在甲骨文中，"豫"字就是一个人牵着一头象。我们开心极了，向几位家长报告战果，妈妈们表扬了我们，可是说还有一层含义，让我们再去问一问。我们费了好大工夫，终于有一位热心的阿姨用手机上网帮我们查找到了相关资料，孟雨他们几个赶快记录了下来。

接着，我们几个又对甲骨文和鼎产生了兴趣，到一楼的几个展厅进行了参观了解。我发现，甲骨文特别有趣，以后，我要进一步研究这种有趣的文字。我们还发现"鼎"的大小各不相同，上面的纹饰也很有讲究。李雨桐的妈妈鼓励我们今后继续探究"鼎"的奥秘。

今天，我们的参观颇费周折，但在参观的过程中，我们真正感受到了每一件文物都在向我们讲述着一段历史，博物院还有很多文物都等待着我们去探究。今后再参观，我们一定会吸取今天的经验教训，提前留好联系方式，便于及时与每一位同学沟通。

（金水区文化路第一小学四一班　李宜轩）

安阳博物馆研学活动感受

"一片甲骨惊天下。"文字是一个民族文明的载体。为了探寻那遥远年代的神秘故事，我们花儿班开启了第二次快乐的研学之旅。

好奇此次的目的地吗？那便是中国八大古都之一——安阳。它素有"七朝古都"之称，有3000多年历史。安阳境内拥有中国首座以文字为主题的博物馆。

我们一路欢歌，来到中国文字博物馆。首先映入眼帘的是整个展馆，像一座金碧辉煌的宫殿。博物馆正门口，两只金色的"凤鸟"各立一旁，造型奇特，金光闪闪。一个顶天立地的大门，用各种文字组成，气势磅礴，蔚为壮观。

中国的文字文化源远流长，博大精深。甲骨文是迄今我国发现最早的、成体系的汉字。1899年，甲骨文在安阳殷墟出土。古人在龟背和兽骨上刻上文字，记录了当时的政治、经济、文化等多方面信息。安阳是名副其实的甲骨文的故乡。我真为河南的悠久历史骄傲！

　　我们边走边看，边思考边记录。通过教师的讲解，我了解到：在历史的长河中，包括甲骨文，中国汉字经历了七种字体的发展演变过程——"甲金篆隶草楷行"。汉字一步步地演变，使我们的文字更加简便发达。它主要的变化是线条的变化、规范的变化、抽象的变化和数字的变化。观察这立体的变幻莫测的文字，真是觉得无比有趣。真可谓：一笔一乾坤，一字一世界！中国的文化底蕴深厚，值得我们仔细去探索，去观察，去发现。

　　历史上，通过人类的进化，文字也出现了不同的载体，载文以物。最初人们写在龟甲、兽骨上，然后写在了青铜器、竹简、木牍上，随着后来的演变，又选择书写在了棉布、陶器、玉片、石头墙壁上。毕昇发明了活字印刷术，蔡伦改进了造纸术，更改了人们的写字方式，大大提高了书写的便利和广泛应用。古代劳动人民多么有智慧呀，即使条件落后，也要动手动脑，创造更美好便捷的生活，令人叹服！

　　下午我们参观了汤阴的岳飞庙，虔诚祭拜了英烈岳飞，学习了著名的"岳家拳"。当看到秦桧跪像，想到秦桧等人陷害忠臣，是那么令人憎恨，大家不约而同发出了愤怒的声音。当我们集体朗诵千古传世爱国词章《满江红》时，热血沸腾，正气凛然，抒发出精忠报国的爱国豪情。当现场聆听何老师为我们讲解"青山有幸埋忠骨，白铁无辜铸佞臣"的理解，书本知识与现实事物有机融合，与不久前全班刚刚读完的《岳飞传》联系起来，更加生动深刻，记忆长久。

　　一天的有意义的研学之后，我满载而归。通过对文字博物馆的参观，我感悟：中国历史文化光辉璀璨，博大精深。聪明智慧的中国祖先，为我们留下了宝贵的物质文化财富。我骄傲，我是中国人。同时，我们要积极保护它，不断地学习、传承与创新。通过对文字演变的了解，我明白了：有需求就会有创造，有创造才有生命力。创造是从无到有，创新是从好到更好。生命是在不断地创造、创新发展中前进的。通过对岳飞庙的参观，我对英雄无比的景仰，心中深深种下了爱国的种子。我想：我们现在要好好学习，忠诚爱国，长大后才能报效祖国，做一个对社会有用的人！

"纸上得来终觉浅，绝知此事要躬行！"对研学的喜爱，源于学习研讨与现场体验感受的自然融合，同学们在何老师的引领下，已深深地陶醉其中。让我们带着一颗渴求知识的心，一双发现美的眼睛，走中国，看世界！

（河南省实验中学思达外国语小学六一班　祝浩博）

二、挖掘场馆课程的多元化资源

我们之所以提出"学道"的教育思想，是因为场馆学习带给学生的眼界是多元化的，是各种学科知识、跨学科知识、学科思想和素养的交织和融合，学生在场馆多彩的世界里有认知、有方法，发现规律，获得真理，感受技艺，感悟场馆中蕴含的思想，升华个体的思想。由此，在实施过程中，我们还注重场馆中多学科、多角度、多体验的融合与渗透。

（一）场馆中的美术教育课程思考

美术教育是中小学教育不可缺少的部分。随着教学模式的多元化，美术教育也不再仅仅局限于传统的课堂教学，而是走出学校，融入社会，与博物馆、美术馆、高校场馆等多种社会资源有机结合在一起，开启新的教学模式。

21世纪我国所进行的艺术教育课程改革也为馆校合作开发美术课程提供了坚实的理论基础和有力的政策支撑。馆校合作的教学模式也符合新型、多元化教学模式的发展要求。两者的有机结合不但有助于课程效果的提升，更有利于学生创新能力和主动探索精神的培养。

河南省第二实验中学小学部周围具有丰富的场馆教育资源，建校伊始，河南省第二实验中学小学部就注意与各场馆资源进行合作，开发设计特色课程，尤其是美育特色课程的实施，得到了师生们的一致好评。馆校合作开发的美术课程具有直观性、自主性和寓教于乐的特点。学生可以在真实的情境中学习、欣赏，并直观地领悟到所处情景中传达的信息，继而更好地掌握课程知识。

此外，授课方式、学习方式的转变又为学生营造一种以"我"为主的学习氛围，使学生在多样多彩的环境中轻松愉快地感悟美术知识，同时又潜移默化地受到传统文化的熏陶。这种教学模式是以学生为核心的教学模式，可以有效帮助学生获得学习成就感、增强自信心。

例1：中医药大学特色场馆美育

◆　课程设计一：药植园写生

活动主题： 小神农　识百草

授课对象： 小学中段学生

教材链接： 湘美版三年级上册《线的表现力》《线描外形》，湘美版四年级上册《草丛中》、四年级下册《春天来了》

活动内容：

（1）作为校园教材活动中的拓展部分，学生在河南中医药大学的药植园里，观察常见或不常见的中药植物，寻找自己服用过的板蓝根、夏桑菊颗粒等药剂在植物形态时是什么样子，以线描的形式去勾勒中草药的外形，可略施薄彩并附上植物形态、作用等说明。

（2）通过倾听讲解员的讲解和对中药馆的实地观察，根据指导采摘中草药，观其色、嗅其味。初步知道薄荷茶、双花茶、何风茶等的配方和作用，了解药茶文化。

◆　课程设计二：制作养生香囊

活动主题：小香囊　大用处

授课对象：小学高段学生

教材链接：湘美版五年级上册《布艺温馨》

活动内容：

（1）走进河南中医药大学中药馆，在讲解员的引领下认识中草药的药性，了解什么样的草药可以作为制作香囊的材料，又会有哪些功效。

（2）升华教材中的布艺设计缝制活动，为针线活动赋予养生内涵。学生自由选择布料，剪裁成自己喜欢的形状，利用美术课上所学方法缝制香囊并装入养生药材。

（3）学生展示自己的作品，并从形状、色彩、功效等方面进行说明。同学之间相互欣赏，并将香囊赠与他人。

例2：职业技术学院美术工坊中的美育课程

◆　课程设计一：植物绚丽染

活动主题：拓印美丽　植物捶染

授课对象：小学中低段学生

教材链接：湘美版一年级下册《有趣的拓印》《拓印花纹组合画》，湘美版三年级上册《花手帕》、三年级下册《自制颜料》

活动内容：

（1）由生活中衣物被植物染色的常见的情境导入，结合对场馆的参观，学生了解植染来源。并通过视频学习捶染的正确方法，学生初步进行动手尝试，并展示作品，分析解决植物捶染的重难点。

（2）学生尝试运用不同形状、不同色彩的植物进行捶染，尝试组合搭配植物，为自己设计捶染一块小方巾，并进行展示交流。

（3）结合教材，拓展其他植物拓印的方法、从植物中提取色彩的方法及天然颜料的价值。

◆　**课程设计二：陶泥捏捏乐**

活动主题： 赏器型之妙　塑童心之美

授课对象： 小学中高段学生

教材链接： 湘美版三年级上册《盘泥条》、湘美版三年级下册《拼泥板》、湘美版五年级上册《快乐陶吧》、湘美版六年级下册《壶趣》

活动内容：

（1）学生参观陶器陈列展厅，观察各种各样、形态不一的陶器器皿，先自己猜想，然后和同学讨论交流这些陶器的用途、用法。了解陶器背后的故事，师生共同探究其造型背后的科学原理。

（2）学生根据交流总结，领悟掌握彩陶图案中重复、对称的设计方法与取材生活的设计内容，并尝试运用所学内容自己设计图案。

（3）教师引入教材中的活动问题：学生先思考压泥板、搓泥条等方法，可动手探究，教师讲解演示正确方法。然后小组合作，尝试设计一款土器皿，并进行交流与展示。

例 3：河南开放大学内智能美育

◆　**课程设计一：飞翔无人机**

活动主题： 放飞梦想　逐梦蓝天

授课对象： 小学高段学生

教材链接：湘美版五年级上册《飞行梦工厂》

活动内容：

（1）作为美术课后的拓展活动，学生参观智能场馆，了解其中有关飞行器的知识。以小组为单位，在专业人士的指引下，在操场体验操纵无人机，感受高空展望的快乐。知道近几代无人机的设计革新发展方向，并大胆设计描绘未来的无人机。

（2）观看航模等飞行器表演，并自己动手制作飞机航模，对自己的飞机进行设计装饰。学生在操场放飞梦想，体验逐梦蓝天的快乐。

◆ **课程设计二：智能机器人**

活动主题：智能机械　启迪未来

授课对象：小学高段学生

教材链接：湘美版五年级下册《能干的帮手》

活动内容：

（1）学生在美术课上初步了解有关机器人的设计、作用等知识后，走入大数据研究院场馆一，现场欣赏机器人唱歌、舞蹈表演，讨论交流有关机器人在外形、色彩等美术方面的设计构思。

（2）学生走入大数据研究院场馆二，了解不同设计、不同功能的智能机器人，亲身参与操纵机器人运货物、机器人用软笔书法设计艺术签名、机器人守球门等活动，感受机器人的功能性、智能化，并针对社会生活中的问题设计智能机器人。

（3）学生走入大数据研究院场馆三，亲身体验虚拟现实的精彩 VR 技术，倾听讲解，了解其中的艺术奥妙；运用 3D 打印技术自己设计图案并打印实物，体会想法变成现实的快乐。

馆校合作的课程资源远远不止以上三个场馆内的活动实例，但通过以上三个互动实例我们不难发现，馆校合作互动课具有很大的开发潜力。博物馆资源丰富多彩、内容多样，但受限于传播方式的单一性；高校场馆具有专业特色，但局限于环境的封闭性。学校的美术课也不再满足于传统教学，致力追求更大的创新发展，二者结合，进行互动教学，用一种新的方式培养学生、宣扬馆藏，有利于实现文化传播与教育育人的双赢。同时，学生在活动中欣赏美、创造美，体验到中华五千年文明的先进性，对中华优秀传统文化更有研究欲望，更增强民族自信。

（二）场馆中的"音乐"素养提升

音乐教育对小学生而言尤为重要。音乐是人类文化新生伊始时诞生的最早的艺术之一，它体现了人们思想精神与情感价值的沟通，是心灵与心灵美妙的碰撞，是人类文化中重要的一种形态，在落实"五育并举"政策、推动学生健康发展的今天，对提高学生的审美情趣和人文素养起着举足轻重的作用。

随着"双减"政策的实施、教育的变革，我们更需要有面向世界与未来的现代教育思想观念。从当今学生的学习需要出发，我们需要延展学习时空，在更广袤的天地培养学生对音乐的感知能力、欣赏和应用能力，以达到让学生修养身心、陶冶情操、激发创造性、发展潜能等目的。而当音乐学科与场馆有机结合时，便能更大化地激发学生学习的主观能动性，让静态的教室课堂学习动起来，让音乐教学内容不再"遗世而独立"，而是与相关文化有机结合，延伸出更多渠道的音乐学习。

（三）场馆课程中的劳动教育实践

劳动教育是"全人"发展的重要部分。"五育并举"是新时代对教育的更高要求，作为校内课程中易被忽略的部分，劳动教育在场馆课程中得到了充分的体现。

河南农业大学的农耕博物院为学生了解农耕文化提供了专业的平台，通过对"昆虫王国厅""鸟类世界厅""农业文明厅"的参观，结合学习单，学生带着问题边参观边思考，深入了解农耕文化的起源和演变。地处毛庄科教园区的农耕苑则为学生提供了劳动体验和实践的场所，通过参观果木实验基地、蔬菜试验田，亲自走进田间地头，观察植物，了解蔬菜的种类、蔬菜的种植、不同蔬菜对人体健康的作用，以及现代农业中的新科技。

（四）场馆课程中的信息技能提升

大数据的发展为人工智能、物联网的发展提供了基础。所谓物联网，指的是物物相连，万物相连，任何物体都可以跟手机进行连接并进行远程控制。共享单车就是典型的物联网产品的代表。物联网的应用涉及面非常广，有智能农业、能源管理、安防、楼宇、万物互联、医疗、智慧城市建设、可穿戴设备、家居、M2M、移动设备、车＆物＆宠物＆人等方面。现在大家戴的电话手表也是物联网技术的一个典型应用。

河南省大数据科普教育基地可以帮助学生在接近真实的体验中，增长科学知识，感受科技魅力。让学生把校园内学习到的科技知识与场馆中的科技体验链接起来，也让学生们更直观地感受我国科技的腾飞，增强民族自豪感和爱国主义情怀。因此，在研究中我们对各个场馆涉及的信息技术资源和设备进行了统计与调查（表2-17），以便在课程实践中渗透相关资源的利用与开发，激发学生对科技的兴趣，促进学生对信息技术的体验、认知及对未来社会的科技创想。

表 2-17　信息技术在各个场馆中的使用情况

场馆名称	隶属院校	场馆主题	主要设施	使用频次	同时容纳人数 / 人
豫商文化馆	河南省经贸学院	河南商业历史和文化	图文介绍、浮雕、复制文物、实景人物故事、沙盘、数字虚拟仿真签名和留影	新生入学课程、主题课程使用	200
航空文化展馆	郑州航空工业管理学院	航空文化与科技	图文介绍、退役飞机、WR 飞行器体验	新生入学课程、研学课程	300
中医药博物馆	河南中医药大学	中医历史文化与应用	中草药种植体验、中草药标本观摩与体验、人体组织与经络模型、中医膏药实训、中医药历史图文、河南中草药资源沙盘及实物展示、中医人物雕塑	每年的系列主题课程、研究性学习基地、研学课程	100+200+100
戏曲博物馆	河南职业技术学院	中国戏曲历史、唱腔、器乐展示	图文介绍、互动式视频、互动视音频、戏曲台阶、无人钢琴演奏	新生课程、社团课程	50
大数据研究院	河南开放大学	中外新科技应用与大数据应用	文字介绍、可互动大屏、大数据 VR 体验、机器人模拟、新技术模拟	每年的主题课程、学生实训	150
农耕博物馆	河南农业大学	中国农耕文明发展史、中外植物动物标本展示	图片文字介绍、动植物标本、沙盘、农业与人类微缩景观、雕塑、可自主学习屏幕、农耕文明宣传片	每年主题课程、新生入学课程	200+150

第三节　课程影响力

　　场馆课程的学习，让学生的学习方式发生了变革，教师"教"的方式发生进一步改变，课程内容从单一学科到课程融合，整体推进了课程育人方式的变革（附录4），为培养有理想、有本领、有担当的时代新人打下扎实的基础。课程对学生、教师、学校的发展具有深远的意义。

一、学习方式得到变革

场馆学习让学生从书本走向实践，从教室走向社会，从个体走向合作，从死记硬背走向调查研究，从被"灌输式"学习走向自主实践，从重学习结果转向重学习过程，提高学生综合能力，形成良好品质，丰富情感价值观，形成正确的世界观、人生观、价值观。同时，在课程实施中，我们邀请家长协同参与孩子的研究活动，让他们看到孩子们在课程中的成长与发展，深刻体会到场馆课程带来的教育改革和实施意义。

走近黄河精神

2020 年 8 月 16 日，我和班里的同学在班级家委会的组织下来到黄河博物馆参观。去之前，对于黄河这条祖国的母亲河就有了一定的了解，但是我还是在网络上先搜寻了一些关于黄河博物馆的信息。黄河博物馆成立于 1955 年 4 月，是我国唯一一座以黄河为专题的自然科技类博物馆。老馆在紫荆山广场，目前已列入近代建筑文物，不再对外开放。2012 年新馆落成。

一走进展厅大门，我们就看到了一幅震撼人心的壶口瀑布图。壶口瀑布图前面的石碑，镌刻着毛泽东爷爷亲笔题写的一句话："没有黄河，就没有我们这个民族。"是呀，黄河就如一位慈祥的母亲，而我们都是她的孩子。

进入博物馆之后，我们发现整个博物馆的陈列由"流域地理""民族摇篮""千秋治河""治河新篇"和"和谐之路"五部分组成。于是，在老师的带领下，我们有序地开始了参观活动。新馆陈列以"华夏国魂——黄河巨龙的缩影"为主题，全面展示黄河自然概况、黄河文化、历代治河、新时期治河新理念与实践等内容，是传播水利知识、弘扬黄河优秀历史文化、展示人民治黄成就、教育人们树立生态环境保护和水患灾害意识的重要场所。

在本次活动中我了解到，黄河全长 5464 千米，是中国第二长河，中下游河道蜿蜒曲折，呈"几"字形东流入海。著名的壶口瀑布就位于陕西省和山西省的交界处。

另外，在参观过程中老师讲到，在中国历史上出现了很多伟大的思想流派，如儒家、道家、法家、杂家、阴阳家等，都发源于黄河流域。你知道吗，历史上伟大的四大发明也都是黄河文明的体现。听老师这么说，我知道了，黄河母亲不仅孕育着我们，也孕育着华夏文明。这让我想到了学过的很多与黄河有关的诗句，如"白日依山尽，黄河入海流""黄河远上白云间，一片孤城万仞山"……

黄河哺育了中华儿女，黄河孕育了华夏文明，黄河培育了民族精神。作为华夏子孙，我从这次学习参观中知晓了从哪里来，到哪里去，民族自信心和自豪感油然而生！

（郑州市第八中学 学生　王嘉慧）

授人以鱼，不如授人以渔

中国有这样一句古话"授人以鱼，不如授人以渔"，这是帮人帮到底的最好方法。而在孩子这两年的综合实践活动课中，我深深地体会到了这一点，为什么这么说呢？

我们都知道，中国是一个文明古国，有着五千年辉煌灿烂的文明，我们的祖先给我们留下了无数的瑰宝。徜徉在历史的长河中，我们会禁不住为我们是华夏儿女而自豪，为我们祖先的智慧而折服。要体会到这些，当然离不开知识。如果你对历史一无所知，那就根本谈不上欣赏祖国的文明，更谈不上自豪了。要让孩子从中感悟我们民族文化的博大精深，光靠老师在课堂上讲的知识是远远不够的，况且孩子对这些知识不一定感兴趣，能够记住的或许就寥寥无几了。但是经过这两年的综合实践活动课，我不得不对孩子在这方面的知识和能力刮目相看了。

例如，在一个学年里，老师让查阅莲鹤方壶的资料，孩子回来后和家长一起查阅了资料，一起阅读，当时也没太在意。后来孩子们在课堂上对莲鹤方壶进行了讨论和研究，孩子回家后对资料一遍一遍地读，并多方收集资料，以至于后来说起莲鹤方壶来一套一套的，而且还会写出像模像样的调查报告来，确实让我吃惊不小，并且打心底里高兴。孩子主动探究知识的积极性被充分地调动起来了，由原来的"要我学"，变成了"我要学"，这使我们做家长的感到由衷的高兴。

还有一件有意思的事，孩子对文物有了兴趣后特别想去博物院当文物讲解员。于是自己查资料、写稿子，在家里一遍一遍地练，目的是当上文物讲解员。不管最终结果如何，我认为孩子的这种学习方法、这种劲头让家长感到特别欣慰。

衷心的感谢老师，在综合实践活动课上，老师不但授给了孩子们"鱼"，而且更重要的是授给了孩子们"渔"，这将使孩子们受益终身。

（金水区文化路第一小学家长　李红珍）

课堂之外更加精彩

今天，是花儿中队的第一次"研学"，作为家长代表，我跟着出行了一天。我想分享一下自己的心情。

首先，非常羡慕花儿班的孩子们。在开往目的地的车上，我看到全班40个孩子，每一个拿到话筒都能落落大方、有条不紊地表达自己的观点和想法，没有丝毫怯场。这让我这个年近不惑、一到人多场合就语无伦次的阿姨很是佩服。每个孩子都潜力无限，但孩子们的能力却是培养出来的，五年来课上课下的潜移默化、五年多的"微课堂"，时不时地把讲台交给孩子们，让每个孩子都具备了开口表达这个最基本、却是至关重要的能力。"读万卷书，行万里路""知行合一"，孩子们在课堂上掌握的技能，在行走的路上展现出来。

其次，我更加觉得花儿班是个温暖的大集体。随行一天，早上有家长们的欢送，每个人都会发自内心地说着感谢。路上常有孩子这个说"阿姨，我给你切块儿蛋糕吧？"，那个说"阿姨，你喝不喝汤？"还有的把零食与我分享。在回答问题时，孩子们踊跃发言，思维之活跃，让人叹服；在游戏环节，孩子们同心协力，团结一致；当孩子们按古代礼仪向我们家长、老师和随行工作人员鞠躬感谢时，我的内心激情澎湃，用这样的方式教会孩子们感恩，真的是事半功倍。

再次，觉得研学活动的价值，不仅体现在学到了多少历史文化知识上，当然，功利点说，一天学到的这些"考点"也不少。行走的路上，也是移动的课堂。垃圾撒到地上，一群男生趴着用本子打扫干净；"一战到底"，孩子们不到最后一刻决不放弃；制作唐三彩，他们懂得了耐心和细心……每一个小细节，孩子们在一起，收获到的、感悟到的，都不一样。

在回程的路上，每个孩子都在兴致勃勃地分享一天的收获，他们希望每个星期都能有这样的活动。看着他们神采飞扬的脸庞，我深深地觉得"纸上得来终觉浅，绝知此事须躬行"。学习，在课堂之外，在路上，更深刻。

最后，作为比较早接触研学的家长，经过一天的跟随，从我内心里讲，真的十分希望花儿班的研学活动能一直延续下去。如果再让我说一句发自肺腑的话，我特别想说：感谢何老师，有缘遇到您，您是我心中"功在当今，利在千秋"的真正教育者。

（河南省实验中学思达外国语小学　张珺涵妈妈）

二、教师理念得到丰富与转变

场馆课程的特殊性，对教师的业务整体水平和素养提出特殊性要求，并具有一定的挑战性。教师从固定的教材"教学"走向灵活融合的课程实践，需要较强的课程开发与实施能力；学习环境从教室走向场馆，需要组织策划能力；学生在场馆研学，教师需要协调与指导能力；学生的学习结果不是一张试卷决定的，而是关注研学过程中学生核心素养的发展等。这些都在丰富与转变教师的理念，积淀教师的教学智慧，实现教学相长。

行走有力量

2019 年 5 月 25 日，与花儿班的学生们一起去巩义研学，主题为研豫商文化，访杜甫故里。这是继洛阳、安阳、鹤壁和兰考之后的第五次研学。每一次行走都有别样的精彩，满满的都是收获。

坐在大巴车上，司机师傅稳稳地载着我们在高速路上前行，我和学生们一起探讨着知识，交流着"人人是老师，事事是案例，处处是学校"的微教育理念。蓦然间觉得这辆大巴车就是一间移动的教室，我们也共同营造流动的课堂。脑海中忽然出现了一个池塘，如果长期不换水，慢慢地就会变成一潭死水，继而会因浑浊发臭而废弃掉。而那些有生命力的山川河流或小溪，都是因为流动、循环而生生不息，富有生命力。所以，带着学生们外出研学，就是引领着学生们参与人与人之间、人与自然之间的循环。我想，这样的学生会更加自信，更容易开启心智，生发智慧。具体感悟如下。

第一感受：人人是老师

向车椅学习。有的学生说，车椅内部有骨架，有此支撑才能更好地为他人服务，做人也要有骨气，才能有更多的建树。有的学生说，车椅对乘客不挑不拣，包容、不分别心，值得我们学习。还有的学生说，我们之所以没有坐在车的地板上，而是坐在了车椅上，是因为椅子柔软，让人觉得舒服，其实做人也要柔软些，让别人舒服才好。一个学生聊起了缚在身上的安全带，我说："这个安全带看似是对我们的一种约束，实际上却是一种保护。""何老师，您以前给我们讲过,所谓的自由,需要以约束为前提。"我开心地笑了,好心情融入了学生们叽叽嘎嘎的嬉笑声中。

向讲解员学习。在杜甫故里,巩义子美学校的几个少年讲解员为花儿班的学生们讲他们眼中的杜甫,说要把杜甫文化传播给更多的人,言谈间都是骄傲和自豪,同时也看出了子美少年满满的自信。讲解员姐姐很专业,给花儿班的学生们讲杜甫跌宕起伏的一生,同时也初步感悟了唐朝由盛到衰的历史过程,对诗人和所处的时代背景有所了解,再听讲解员姐姐讲杜甫的诸多诗词,便更容易领会了。看到学生们坐在诗词苑中听"三吏""三别",我想,等到学生们未来学到这些内容时,一定会有别样而精彩的理解。也着实钦佩讲解员入情入境的讲解。

向同学学习。"何老师,我们要向董怡然同学学习。今天中午吃饭时,宋子萱伸手没有够得着一个菜,离那个菜很近的董怡然直接夹了好多给宋子萱,我觉得董怡然这种帮助他人的精神很值得我们去学习。"黄婧媛娓娓道来,看着她闪闪发光的善于发现美的眼睛,真是发自内心地喜爱。董怡然也没想到自己不经意间的一个微动作会被同学们看见并说出来,今后自己也要多说别人的好。"何老师,今天我看见董钰豪在景区里弯腰把烟头捡起来扔到垃圾桶里了,他这种素养叫无需提醒的自觉,我觉得董钰豪特别棒!"王奕涵同学这样说的时候,我看到那个"捣蛋鬼"董钰豪猛地一激灵,瞪大眼睛看着我们。哈哈,瞧那张灿烂的脸,他的心中已经乐开了花。

向教练学习。本次带队的军事教练叫尖峰,这个部队出身、从事九年军事拓展培训的老师给我留下了深刻的印象。当学生们一下车状态蔫蔫的时候,他及时地作出调整,带领着学生们进行整肃,"10、9……2、1,时间到,队伍齐!""我们为什么要鼓掌呢?因为据专家的研究,人的手心里有很多的穴位,多鼓掌有利于全身经络的循环"只听学生们的掌声如雷鸣般响亮,脸上也挂满了灿烂的笑容。"照相了哦,我们来个12580,1是竖起大拇指，2 是伸出兔耳朵，5 是张开手掌挥挥手，8 是微笑端下巴，0 是握拳说 Yes!"忽然间觉得，原来连在一起照个相也可以这么有意思。看着这个大小伙一路上不停地引领着学生们文明有序安静地听讲解员讲解，真是一道靓丽的风景线，为他的付出和敬业点赞。

第二感受：事事是案例

近年来，我最大的变化便是觉察力的提升，睁开双眼的同时也打开心眼，看到了许多以往没有看到的教育教学资源。无论是在教室里，还是在行走中，每件事都可以当作教育案例，当时当刻便可进行生发和升华。

关于坚毅。康百万庄园、石窟寺、杜甫故里，此次巩义研学的日程安排得很满。下午 5 点多，行走了一天的同学们小腿都累得不行了，干脆让他们席地而坐，听讲解员姐姐讲杜甫的诗词。其实，我和几个随行的家长也很累，还好有心力的支持，一路铿锵前行。"同学们，我们接下来去杜甫故里的最后一站，到杜甫研学大讲堂感受一下！"工作人员的话还没有说完，正在坐着的学生们哀声一片，纷纷表示："不去了！不去了！累死了，不去了！"尖峰教练使出了"10、9……2、1，时间到，队伍齐！"的招数（否则，会进行整排手挽手 5 个整齐深蹲的"奖励"），果然奏效。我静静地观望发生的一切，与学生们一起走到了建在窑洞里的大讲堂。学生们坐在冬暖夏凉的大讲堂里，嘴巴嘟着，很不开心。

我缓步走向讲台处，"同学们，还记得何老师给大家讲过由九个词组成的走向成功的十八字箴言吗？其中有一个是'坚毅'，大家觉得什么是坚毅呢？"

"坚持＋毅力"。学生们说。

"关于坚持，我们花儿班的同学做得很好，每周读经典书目、看经典电影坚持了五年多，每次十五分钟的花儿微课堂我们也坚持了五年多，还有十八个同学自愿跟着何老师进行写作的每日坚持，坚持的本质是由量变产生质变。"这时学生们的腰杆挺直了一些。

"那么，什么是毅力呢？"我问。

"何老师，毅力就是做什么事遇到困难了，依然咬牙坚持做下去，风雨过后才能见彩虹……"杜雨泽说。

"是的，遇到困难，依然咬牙坚持做下去，这就是坚毅。何老师特别理解大家此刻的感受，我也和大家一样，身体很累。可是我们一天的行程马上结束，在我们即将达到胜利彼岸的时候，如果选择退缩，着实可惜。反之，挺过去了，遇见的便是彩虹、喜悦和丰硕的精神财富。"我顺着杜雨泽的话接着说下去，只见学生们的眼睛又亮了许多。

"何老师觉得，能够把在书中看到的、在行走中听到的知识转化为行动，就是智慧的人。如果你足够有智慧，一定会把坚毅这种品质在内化于心的同时，更外现于行。那，咱们出发吧——"只见学生们起身，一个个把凳子推到桌子下面，安静整齐有序地站队。

于是，杜甫故里的园子里，走出了一道靓丽的风景线！

关于历史名人。杜甫故里的讲解员有着丰厚的知识底蕴，在给学生们讲杜甫时，顺便谈到了杜甫已被誉为是世界文化名人。通过在杜甫故里的寻访，学生们大致知道了杜甫成为世界文化名人的原因。

"老师，请问还有哪些中国人被誉为世界文化名人呢？"我问讲解员。

"何老师，你可以百度一下，能查出来的，还有孔子、李时珍等。"美丽的讲解员一一说道。

回到家，我查到中国有八个世界文化名人，也查到了联合国教科文组织确定的世界十大文化名人，排在首位的是孔子。那么周日晚上致敬经典第一环节讨论交流的素材就有了，即探寻历史名人。

（1）本次的研学中，讲解员姐姐谈到了中国的八个世界文化名人，分别都有谁呢？如果忘记了，可以通过上网查阅的方式解决。是的，其中有一个是我们此次探访的杜甫，结合在杜甫故里的所见所闻所感，也可以上网查阅相关资料，说一说杜甫为什么能够进入世界文化名人之列。

（2）自行查阅资料，说说联合国教科文组织确定的世界前十大文化名人都有谁，来自中国的是谁，他入选的理由是什么。

所以，带着一颗觉察的心，事事是案例。

第三感受：处处是学校

朱晓平老师在《微教育》一书中说："学校是学校，商场是学校，公园是学校，博物馆是学校，游乐场是学校……"

此次巩义研学，大巴车是学校，康百万庄园是学校，石窟寺是学校，杜甫故里也是学校。

在大巴车上。晨起，一起探讨知识，一起交流车椅的启示。暮落，一起进行思维碰撞，畅聊一天的启发和收获。

在康百万庄园。探寻康氏名门望族背后的秘密。俗话说"富不过三代"。那么，这个历经明、清、民国三个朝代，兴盛十二代的家族，成功的原因都有什么呢？通过一副副楹联，通过每一处建筑，通过每一个历史事件，我们逐渐明白，原来秘密在于遵德守礼、厚德载物、诚实、勤俭、尊师、留有余地……学生们通过康家斥巨资建桥、造船、建别官等迎接慈禧太后的历史事件，明白"康百万"是慈禧太后所赐的名，不是一个人的名字，而是对河洛康家历代传人的统称，透过这一历史事件也明白了清朝没落的原因。

在石窟寺。那一幅帝后礼佛图，让学生们感受到了北魏时期统治者对佛教的礼敬。皇帝和皇后的形象高大丰腴，而其身边的人低头颔首畏畏缩缩，深切地感受到在那个历史时期，人与人之间等级制度的森严。在石窟寺前的一棵树下，我们交流这个话题，学生们说："庆幸自己生活在当今这个文明有礼、人人平等的新时代，所以要懂得感恩和珍惜。"一尊尊佛像，要么没了耳朵，要么没了鼻子，还有整尊被盗走的，学生们备感惋惜，如楚滨歌同学说："我们一定要多为他人着想，做有素质、有修养的人。"是呀，素质与修养，仅在书本中学还远远不够，在行走中才能汲取到德育的力量，从而体现在行动上。

在杜甫故里。通过讲解员的讲解，学生们仿佛看到了杜甫在长安十年苦难生活的磨砺，明白了杜甫从浪漫主义走向现实主义的生命历程。"安得广厦千万间，大庇天下寒士俱欢颜……"当学生们在杜甫故里一起诵读这首诗时，我的内心升腾起了一种别样的力量。走进杜甫诞生窑，不知道学生们好奇的眼睛能看到什么，我想不只是窑洞，还有历史。

是呀！带着一颗启发的心，处处都是学校。

向外探索，向内探寻，在行走中汲取积极向上的生命力量！

（河南省实验中学思达外国语小学　何亚珂）

研学开阔了孩子们的眼界

稚气的小脸，一颗颗按捺不住的好奇心，不算整齐的队伍，亦步亦趋在航院带队老师的引领下，孩子们叽叽嘎嘎地开始了为期半天的航院研学之旅。

藏在校园里的一个个神秘的"重要人物"，是孩子们解锁今天任务的关键。欢呼雀跃的小豆丁们，个个不甘示弱，跃跃欲试，不停地游走于航院研学课程设置的各个关卡处，每一处的神秘人物旁的雕塑都藏着很多知识。人群里时不时地冒出的小手，提出一个个好奇的问题，航院的大姐姐们耐心地给孩子们讲解，从飞机的起源到近现代飞机的进步，从"中国航天之父"冯如到无人机的发明，无一不在孩子们的心中留下深刻的印象。

特别是航空航天研学体验馆，VR科普研学项目，通过切身体验，孩子们感受到中国航空航天科技的进步，感受大国风范。最后一个环节，孩子们动手制作，一双双小手敏捷地操作着，一阵阵的欢呼声在航院的操场上飘荡着，孩子们放飞的不仅是一架模型飞机，更是他们的梦，相信这次研学在许多孩子心中种下了航天梦的种子，期待种子的萌发！

（河南省第二实验小学　吴晓妍）

三、打造学校特色课程品牌

随着课程的开展，学生的探究欲望促进了学校特色品牌课程的建立，如河南省第二实验中学小学部开展的"中医药场馆课程"实施的"泡药茶"和"认识常见中草药"两个项目活动是学生最喜欢的。在"泡药茶"活动中，学生先通过查资料或者请教别人了解常见药茶的种类、药茶的配置与什么有关、药茶有哪些功效、药茶的相生相克等药茶常识，再在了解这些知识的基础上进行药茶配置的实践尝试；然后继续探究药茶和二十四节气的关系，评判人们对药茶的认知（有病治病、无病健身），深度思考中国人为什么喜欢喝药茶……在"认识常见中草药"活动中，学生先通过查找实物、询问、实地考察等形式了解常见中草药的功效，然后继续探究"为什么祖先发现中草药，而没有形成西方那样的医学"，进行观点辨析"中药好、西药快，是真的吗"，探究中医和中药长盛不衰的秘密；制作标本等，让学生经历从现象到本质的探究过程，从多维度了解一件事物。这些活动基于学生的求知欲望和探究欲望，在家长的协同下，学生除了在校内，还在校外进行实践与研究，推动了课程的影响力。于是，学校将其作为特色课程品牌持续普及开展。

第三章　馆校长期合作的机制研究

　　馆校课程需要场馆和中小学校为达成共同愿景，相互配合、共同研发，才能确保馆校课程的科学性、可持续性，实现馆校合作育人、促进学生在实践探究中提升学习品质。大学场馆不像普通的公益性或非营利性场馆，其没有向中小学校开放的主动意愿和政策任务。在合作中，很容易造成中小学校处于积极主动、高校场馆处于被动的现象。如何打破高校场馆相对封闭的运行模式，找到高校场馆与中小学校主动互动、主动配合的生态机制非常关键，我们提出了重构教育哲学、构建融合式课程新样态、创新馆校协同育人机制三方面的建议和研究。

第一节　重构教育哲学

　　通过馆校课程的合作开发与实施，我们发现高校场馆的高专业化，对学生的认知和探究能力提出了较高要求和挑战，知识场景也显得枯燥。为了既能突出高校特有专业的文化，又能将小学、初中、高中与高校文化衔接融合在一起，我们提出高校文化可以融合以下五个教育理念，以使其更加灵动。

一、教育即生活

　　教育是人们社会生活的需要。因此，教育也可以被定义为社会的职能，而学校就是特殊的教育环境。

教育家杜威先生认为，教育在广义上是沟通和传递的过程，是社会生活的必需。一切沟通都具有教育性。他认为，教育是人们生活的需要，教育在本质上应该是一种社会职能，并不是人们习惯认为的学校固有的职能。从古至今，人们传递知识、信仰、技能等，也经历了从简单的言传身教、单个传授，进展到利用一种特定的环境，达到一群人共同学习、共同成长的目标，形成了一般意义上的教育。学校本质上就是一种特殊的教育环境，因此应把学校打造成简易的、具有基本社会特征的环境，排除无价值的人们想当然的因素，以使它具有改良行为的特点和功用，从而为青少年学生创造一个更全面、更平衡的环境，以便他们能在具有真实社会特点的环境里学习。

陶行知提出生活即教育。场馆课程与学生的生活有着密切的联系。因此，我们在学校这个特殊的环境里，尽可能地给儿童创造社会化的学习机会，摒弃学校只进行课堂知识类学习、道德教育的局限，向外无限拓展可利用的社会化学习空间，与社会、与生活相契合，相链接，促进儿童社会化学习。

二、教育即生长

生长是一种持续的、多元的、有多种复杂可能性的过程，它不会按照固定目标、固定格式、固定路径进行。教育的目标一定是要促进儿童的成长。教育的历程是继续不断生长的历程。

相当长的一段时间里，学校教育都以帮助学生升上高一级重点学校为教育目标，这在很大程度上偏离了学校作为一个跟社会联通的特殊教育环境的实际意义和价值。学校教育，应该以帮助学生实现持续性成长作为终极教育目标。

三、教育即培养有目的的行动动力的兴趣

心理学研究指出，兴趣（包括爱好、关心、动机等方面）其实就是我们平常学习生活中个人对某对象持有的选择态度。兴趣，是人们能够专注投入某种对象里面的前提，也是一个重要因素。这样来说，兴趣就是推进某种工作的积极性的助推剂。

兴趣与训练是彼此相依存的，并不是对立存在的。兴趣无论是对认知层面训练的影响还是对靠意志力推进的训练的影响都不可低估。儿童对自己所学习对象的反映，既取决于儿童对这个事物本身的兴趣，又取决于每个人自身的天性及自己所积累的以往正确经验。所以从这个层面来说，在教育中，兴趣与训练都是重要的，视兴趣、训练为独立存在，或者割裂来看，这样的做法都是错误的。

四、教育即从经验中学习

学习是具有阶梯性的。新经验的学习积累，要借助于旧经验，即把新体验与自己做过的事带来的影响联系起来。因此，教师在日常教育教学中应该培养学生联结的本领，注重指导学生把在课堂教学中习得的知识、技能，应用到一定的真实场景中，将技能与生活经验相联结，以正向强化对这些知识技能的理解与记忆。把用脑和用感官结合起来，把抽象的思维活动和具象的实践操作结合起来，才能达到最佳的习得效果。

近些年来，越来越多的学校教育除了必不可少的课堂学习以外，还致力于发现和创设让学生实践的场所，如劳动基地、科普基地、综合实践基地、航模基地、木工坊、创客工坊等，让学生在动手操作中感受到知识应用、新科技应用带给生活、学习的变化，能更有效提升学生的学习效能。

五、教育即综合

教育中，我们要给学生创造综合性学习的机会，打破两类科目的牵强划分。近现代以来，人们常常把学生学习内容牵强划分为自然科目与人文科目，把这两种科目割裂开来。例如，科学学科就是讲物质的专门知识，研究自然界物质的形态、性质、结构等；而人文学科是被排除在自然科学和社会科学之外的学科，它和自然科学的研究对象、研究方法、研究内容都不同。杜威指出，要认识到自然科学的内容在社会人文方面也有它的地位，我们需要利用自然科学去满足社会的需要，解决很多社会科学的问题。近些年来，跨学科学习、研究性学习、主题性学习、项目式学习纷纷开展起来，都是打通了这两类学科的藩篱，促使学科融合。学校教育应该力图通过各方面努力，打破学科界限，给学生创建综合性学习的机会，将自然科学、人文科学、艺术科学、社会学科等有机融合在一起。

第二节　构建融合式课程新样态

美国课程论专家菲利浦·泰勒指出："课程是教育事业的核心，是教育运行的手段。没有课程，教育就没有了用以传达信息、表达意义、说明价值的媒介。"因此，我们要给学生提供适合其发展的教育，学校就要致力于创设适合学生发展的课程。可以说，在近些年来的中国教育界，构建学校多元课程成为新时代优秀学校的一张新名片。如果教育实践离开了课程这一载体，再好的理念也只能是空谈。

越来越多的中小学，将学校三级课程建设作为学校发展的核心领域，在课程建设的过程中，必然经历提炼学校内涵、明晰学校优势资源、厘清教师专业发展路径、形成学生多元发展目标这样的新路径。在课程建构的过程中，教师、学生全新的发展样态也会促进学校的优质、快速发展。

因此，学校的发展应立足于打造"新样态课程"。"新样态课程"并不是对原来的舍弃。新样态，有对国家课程的落实，强调课程内容的基础性、全面性、均衡性；要结合学校师资优势、地理优势、政策优势的个性化落地，强调校本课程的多样性、差异性、创新性。这样的课程设置，真正将学生放在课程的中央，眼中有学生成长的个性化需求，关注不同学习特点、不同学习起点的学生的发展规律，增强学生选择权、参与度，以实现学生的社会化学习。

大学场馆课程便是"新样态课程"的一个具体方面。

一、创造系统的高校场馆课程体系

创设课程，就要求创设者需要有课程体系意识，需要课程创设者在课程理念指导下，将课程的各个构成要素加以排列组合，并在课程实施的动态过程中实现课程目标。

我们的大学场馆课程在实施过程中，注意结合学校周围大学场馆的不同特点和实际情况，设置了中医药大学场馆课程、中医药大学大数据研究院课程、农业大学场馆课程、经贸学院豫商博物馆课程、航空航天大学航空文化馆课程、河南职业技术学院戏曲博物馆课程等系列课程。以此课程体系为依托，帮助学生实现跨学科学习，从而培养学生作为一个终身学习者所必须具备的各种能力。

二、设计面向未来的高阶培养目标

（一）高校场馆课程的思维培养目标

《中庸》的"问思辨"背后有强大而稳固的思维逻辑链。这是中国传统教育的核心思想。审问，即能以审辨的态度追问；慎思，慎重周全地思考；明辨，形成自身清晰的判断力。

大学场馆课程的开发与创设，以"问思辨"为课程建构模型，引入万物启蒙的"物器道"理论，从事物的本质，到事物的功用，再到事物与人类的关系，侧重元认知设问、有证据思考、有逻辑论辨，培养学生批判式思维、开放式思维和成长型思维结构。这是学校设置和开发课程的思维培养目标。

（二）高校场馆课程的能力培养目标

世界发展千变万化，我们要培养学生在不断变化的现代社会中与时俱进，就需要培养他们以下八种能力：内省能力、人际交往能力、问题解决的能力、信息沟通能力、信息分析能力、协作能力、创新能力和全球意识。大学场馆课程，通过课程内容设置、学习方式、评价方式等方面，培养提升学生的上述能力，以培养适应未来发展的新时代人才。

三、制定多样化的实施路径

如何制定多样化的实施路径呢？考虑到课程实施是在大学场馆，离学校有一定的距离，受一定的时空条件限制，学校通常课堂学习和到场馆实践探究相结合的学习方式。在学校进行课堂学习时，采用长短课、连排课、主题整合课等多种形式上课，由教师带领同学们对所要进行实践探究的场馆课程进行预学或者总结；到场馆实践探究时，调整学校其他课程学习时间，安排一天或者半天的完整时间进行，借助听讲解、实地观摩、动手实践、以学习探究单引领深度思考等形式完成探究。

第三节　创新馆校协同育人机制

创新与建立馆校协同育人机制是场馆课程常态、有效、深入实施的重要保障。通过多年的场馆课程探索，我们构建了一体化的合作模式和路径，进一步拓宽了育人格局。

一、合作机制——达成馆校合作的保障

（一）协商制度保障：明确馆校合作分工

场馆所属高校和中小学，需要在馆校课程开发中，协商出台相关合作文件。可喜的是，本课题研究过程中，国家在"双减"政策出台短短四个月之后，《关于利用科普资源助推"双减"工作的通知》也相继出台。这些政策的颁布，为建立合作的长期运行机制和双向合作流程起到了促进作用。

双方要明确馆校合作中的责任、权限、分工（见附录6），场馆提供方要将课程开发与实施作为科技辅导员的一项工作范畴，在绩效考核中，此项工作作为一份工作量予以体现；中小学校要将此项课程的实施计入教师教育科研、社团活动、综合实践课程的绩效工作范畴，鼓励全体教师积极发挥学科优势，参与到课程的研发、实施、改进中。双方在合作机制的保障下，积极推动场馆资源与中小学校本课程研发有机结合，促进双方的深度合作长期开展。

（二）打通需求链条：共建馆校合作愿景

1.向高校输送优秀的企业兼职教师

国家先后下发了多个提倡引进企业高级技术人才到高等职业教育任教的文件，如教育部等九部门关于印发《职业教育提质培优行动计划（2020—

2023年)》的通知（教职成〔2020〕7号）中要求"设置一定比例的特聘岗位，畅通行业企业高层次技术技能人才从教渠道，推动企业工程技术人员、高技能人才与职业学校教师双向流动"；《关于推动现代职业教育高质量发展的意见》于2021年10月颁布，也明确倡导企事业单位高技能人才和非物质文化遗产传承人到中小学校兼职任教。

这些职业院校大多有中小学教育或幼儿教育、艺术教育方面的专业。中小学校主动向职业院校输送优秀的兼职教师，达成校际之间的合作，可以促进高校场馆课程的高效实施。

2.有计划开放中小学的实习基地

中小学每年可有计划接纳这些高校的相关专业毕业生实习，满足中小学各学科的教育教学实习岗位。指导这些即将毕业的大学生在进行学科实习的同时，更便于中小学校与这些毕业生、他们的指导教师共同商讨馆校课程的实施细节。

3.完善高校教师到中小学校"企业实践"制度

中小学校可与相关的场馆院校签订"企业实践"合作项目，以实现"本科高校专业课教师每年至少累计1个月以多种形式参与企业实践或实训基地实训"的目的。这样，场馆课程中的高校教师可以在中小学校进行常态化、多频次的实践，既能完成理论到实践的进一步完善，也能进一步促进中小学校教师在参与研讨中共同提升。院校课程合作机制如图3-1所示。

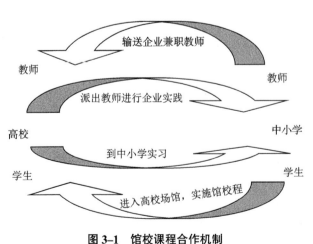

图3-1　馆校课程合作机制

二、合作生态——明确馆校合作的责任

高校与中小学校达成场馆课程合作意向后，要围绕课程目标、课程内容、课程主题、课程框架进行深度研讨，尤其要针对合作实施分工、学生安全保障形成详细的实施配套制度，并由高校教师、大学生志愿者、中小学教师、家长志愿者四方共同研发课程实施方案，包括学生人数、课程时间、课程路线、经费预算、课前准备、讲稿修订、学习单设计等，为整个课程的具体实施制定《课程手册》。手册中要明确课前、课中、课后的四方工作内容，促使合作中的各方能尽快进入角色，完成合作流程中应有的责任。馆校合作生态机制如图3-2所示。

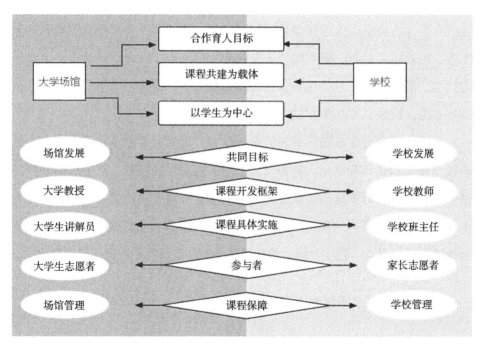

图3-2　馆校合作生态机制

三、合作分工——双向"三师"探讨实践

在馆校课程实施中，教师角色不同于以往学校课程中的"一课一师"，而被转变为"一馆多师"。"多师"的分工合作呈现趣味横生、不断挑战、激发思维的课堂。

学校教育，大多是有固定的班级、教室、课表，由单学科教师按计划进行独立教学。在这个课堂中，学生跟教师非常熟悉。而场馆的研究性学习中，"教"的主体在变化，学校教师、大学教授、大学生志愿者，都成为课程的重要参与者。

（一）大学教授成为课程框架的构建者

在具体实施中，大学教授是课程框架的构建者。因为高校场馆知识过于专业，内容过于纷繁，需要他们从专业的角度去选择适合不同学段学生的学习内容。同时，大学教授在与学校教师的对话中，了解小学生的学习特点和认知起点，调整学习内容和方式。

河南中医药大学是我国著名的国医学府，很多教师都能够深入浅出地把中医药理论白话和趣味化。譬如课程中对于青蒿素的提取，对于屠呦呦教授的介绍，高校教师就能信手拈来，从诺贝尔奖，再到葛洪的《肘后备急方》，大学教授在场馆课程的研讨中，将对大学生讲授的生涩的理论，变换为浅显易懂、充满故事性、趣味性的文学性讲述，让学生沉浸于中医文化的厚重中。

（二）大学生志愿者成为专业知识的讲解者

大学教授每天面对的是大学生，教学语言很难被小学生理解，加上大学教授过于忙碌，学校会安排受过专业训练的大学生志愿者给学生作讲解。但是，在实际操作中我们发现，大学生按照所学的专业知识进行介绍，很难被

学生理解，更难吸引他们。因此讲解稿需要被学校教师通过删除晦涩内容、语言儿化、添加故事、增加互动演绎、学习单设计等方式，让大学生的讲解内化为学生的理解与应用。

（三）学校教师成为课程实施的组织者与评价者

最了解学生的是学校教师，根据大学教授提供的框架，教师提前到场馆踩点、学习，从不同的学科角度找到本学科的学科能力发展点。

一次场馆学习，不仅是听大学生的讲解，更重要的是在此基础上，让学生即时产生思考，并在合作探究中问题解决。带领学生进行场馆学习的大多是班主任，他们要协助大学生志愿者进行知识的习得和操作技能的实施，同时还要对学生的参与态度、合作能力等进行记录、评价。由此，我们形成了馆校课程流程（图3–3），进行将此模式并推广。

大学教授、大学生、学校教师在这几项分工中，绝不是割裂的、独立的教与学，而是要经过多次的共商、共学过程中调整场馆学习的教学案。学校教师也一定不仅班主任参与，而是要语文、数学、科学教师，甚至是美术、音乐教师都能参与其中，才能让场馆学习真正成为探究性学习，激发学生的深度思考。

以四年级学生前往中医药大学探究"艾条"为例。专业知识的选择，要由中医药大学的教授来做，他们选择给四年级学生讲解艾条的种类，艾条治病的原理；讲解和指导制作由大学生志愿者根据学校教师整理、修改完善后的讲稿来实施；现场学生遇到的中医药专业问题，由现场的大学教授和大学生予以解答。敏锐的音乐教师在教研和带领学生现场学习中，发现学生对中医药的"五行""五色""五味""五脏"产生浓厚兴趣，尤其是当大学生讲到"药"与"乐"两个繁体字的结构，学生经过观察发现两个字非常像，"药"只比"乐"字多了一个草字头——难道中医药和音乐是有关的？

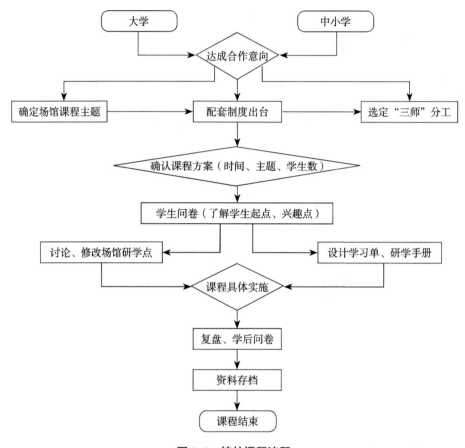

图3-3　馆校课程流程

大学场馆的学习结束了，但学生的探究性学习并没有终结。面对学生的提问，音乐教师查阅资料，以"五"为线索，与学生一起探寻音乐与中医药文化的巧妙联系。音乐教师"吾知道，五之道"一课，展示中医著作《黄帝内经》中的相关选段，让学生了解中医文化中的音乐治疗理论。在课程中让学生了解中医文化中与"五"有关的构造，知道"五脏"与五音"宫商角徵羽"的对应关系，初步感知乐曲《阳春白雪》的风格特点，跟着琴声模唱，从音乐的角度分析《阳春白雪》在中医文化体系中为什么会成为一首能够疗愈身心的音乐。

课程的开发由学生的兴趣作为起点，在整个场馆学习过程中，大学教授、大学生、学科教师都在关注学生的思考，及时予以引领、提升。教师不仅是引导员，更是激励员、成长伙伴。

四、合作内涵——潜移默化学生对职业的认知与规划

高校是培养不同职业的摇篮，高校场馆课程可以潜移默化学生对不同职业的认知、了解激发学生对自己未来职业的追求和向往，引领学生在研究中对职业有系统的专业的认识，感受到不同职业的责任与价值，发现不同职业带给人类、社会的发展意义等，从而进一步促进学生从小树立一种职业梦想，并做职业生涯规划。这对学生拥有一个梦、一种职业追求，有着深远的影响意义。

附　录

附录 1　学生场馆学习调查问卷

亲爱的同学：

你好！

感谢你参与本次问卷调查。请选出"最符合"你实际情况的选项，填在
（　　）内。答案没有对错，符合你的实际情况即可，请认真作答。谢谢你的配合！

1. 你的性别（　　）

①男　　　②女

2. 你所在年级（　　）

①一年级　②二年级　③三年级　④四年级　⑤五年级　⑥六年级

3. 你喜欢参加高校场馆研学吗？（　　）

①非常喜欢　　②比较喜欢　　③一般　　　④不喜欢

4. 你赞同学校开展更多的场馆研学活动吗？（　　）

①非常赞同　　②一般　　　③无所谓　　④不赞同

5. 你喜欢场馆研学的方式吗？（　　）

①非常喜欢　　②比较喜欢　　③一般　　　④不喜欢

6. 你认为场馆是重要的学习场所吗？（　　）

①非常同意　　②比较同意　　③一般　　　④不同意

7. 行前，你对于这次研学的期待高吗？（　　）

①很期待　　　②一般　　　③不期待

8. 在高校场馆研学中，当我遇到不懂的知识时，会主动向老师、讲解员或其他人寻求帮助。（　　）

①完全同意　　②基本同意　　③无所谓　　④不太同意　　⑤不同意

9. 进入场馆研学后，我总能按照自己的研学手册完成参观，并且收获很大。（　　）

①完全同意　　②基本同意　　③无所谓　　④不太同意　　⑤不同意

10. 在研学活动中进行小组合作学习时，我不仅能完成任务，还会帮助其他同学。（　　）

①完全同意　　②基本同意　　③无所谓　　④不太同意　　⑤不同意

11. 我很喜欢场馆中实践操作等互动环节，并且积极参加。（　　）

①完全同意　　②基本同意　　③无所谓　　④不太同意　　⑤不同意

12. 在场馆研学活动中，我会与同学进行合作。（　　）

①非常符合　　②比较符合　　③不确定

④比较不符合　　⑤非常不符合

13. 在场馆研学活动中，我会听取同伴的意见。（　　）

①非常符合　　②比较符合　　③不确定

④比较不符合　　⑤非常不符合

14. 在场馆研学活动中，我会和同伴交流分享研学的收获。（　　）

①非常符合　　②比较符合　　③不确定

④比较不符合　　⑤非常不符合

15. 场馆研学活动使我更愿意亲近自然，更喜欢探索科学现象背后的秘密。（　　）

①非常符合　　②比较符合　　③不确定　　④比较不符合　　⑤非常不符合

16. 参加场馆研学活动后，我的学习态度变得更加积极认真。（　　）

①非常符合　　②比较符合　　③不确定　　④比较不符合　　⑤非常不符合

17. 场馆研学活动让我学到了更广阔的知识。（　　）

①非常符合　　②比较符合　　③不确定　　④比较不符合　　⑤非常不符合

18. 通过场馆研学活动，我发现了一些平时的知识性错误。（　　）

①非常符合　　②比较符合　　③不确定

④比较不符合　　⑤非常不符合

19. 场馆研学活动使我学会了如何与同伴更好地合作。（　　）

①非常符合　　②比较符合　　③不确定

④比较不符合　　⑤非常不符合

20. 场馆研学活动使我学会如何与同伴更好地交流。（　　）

①非常符合　　②比较符合　　③不确定

④比较不符合　　⑤非常不符合

21.（多选）在参观时，你是通过什么方式来认识学习高校场馆研学内容的？（　　）

①是通过老师、讲解员等人的讲解　　②自己收集资料

③平时课堂上的学习　　④自己动手实践

⑤自己阅读展品的文字说明　　⑥与同伴、父母或其他人讨论交流

22. 在研学过程中有让你印象深刻的内容吗？（　　）

①有，很多　　②有，但不多　　③没有

23. 本次研学讲解，你是否都能理解？（　　）

①全部都能　　②大部分可以　　③只能听懂一部分

④几乎听不懂

24. 对于本次研学内容你是否感兴趣？（　　）

①是　　②否

（若选①，请答此题）你对哪些知识最感兴趣？（　　）

25. 你还想研学哪些知识？（　　）

（河南省实验第二中学）

附录2　课程具体活动设计

"走进博物院——建言博物院"教学方案1

单元	课程纲要分享			单元课时	1
主题	分享课程纲要	总课时	19	第1课时	

背景分析	该主题在本单元和本门课中的地位和作用： "课程纲要分享"这一单元共1个课时，是本期活动的起始，目的在于让学生了解本学期的活动计划，便于学生整体规划本学期的活动计划，调动起学生的活动积极性。同时，了解本学期的课程评价，以评价保障活动纪律，以评价促使活动深入开展，为今后活动的开展打下坚实的基础。 学生已有知识基础： （1）在以往活动的基础上，会对本学期的活动有所期待。 （2）具有一定的探究意识，愿意与人共同探究，共同合作。 活动重难点： 了解本期的课程纲要，对本期的活动整体规划是本主题的活动重难点
教学目标	（1）了解本期整体课程安排。 （2）讨论交流本期活动计划。 （3）养成整体规划的意识，具备初步的规划能力
评价设计	根据本次活动需要，本节课将评选出"最佳规划奖"并颁发奖状，以激发学生积极参与活动的热情

学与教活动设计	教师活动	学生活动	（备注或反思）
	活动一：回顾导入新课 （1）三年级至五年级，我们围绕博物院开展了一系列的主题活动，你最难忘的事情是什么？最大的收获是什么？ （2）这个学期，我们的"走进博物院"综合实践活动有什么新的变化？这节课，我们就一起来认真规划一下。 板书课题：分享课程纲要	（1）先全班分组交流，再每组推选代表全班交流。 （2）思考问题，发表自己的看法	要引导学生着重谈谈当时研究过程中的趣事，遇到的困难及解决难题后的快乐，激发学生继续探究的兴趣
	活动二：了解本期课程安排 （1）出示本期课程纲要：这是本学期的课程纲要，请大家认真观看。 （2）请在四人小组组长的带领下，认真讨论，交流。 （3）你们小组了解了什么？还有哪些地方不太明白？有什么好的建议？	（1）学生默读，思考。 （2）四人小组讨论交流：通过阅读，你对本期的活动有了哪些了解？ （3）全班交流	本环节的设计意图在于充分激发学生参与本期活动的热情，为今后活动的顺利开展做好准备

续表

单元	课程纲要分享			单元课时	1
主题	分享课程纲要	总课时	19	第1课时	
学与教活动设计	活动三：针对纲要，讨论新学期活动规划 （1）四人小组根据纲要，讨论交流活动规划。了解了本学期的课程纲要，你有什么新的打算呢？请四人小组交流一下。 （2）小组汇报，全班交流	（1）四人小组在组长的带领下讨论交流。 （2）积极展示活动规划，主动参与活动评价		本环节的目的在于引导学生在了解本期课程整体规划的前提下，思考自己本学期的活动设想	
	活动四：课堂总结 同学们，这节课我们一起分享了本学期的课程纲要，并针对纲要发表了自己的见解，对本学期的活动也有了初步的计划。请大家课下制订一下新学期的活动计划，下节课我们一起来交流	（1）畅谈本节课的收获。 （2）课下完成本学期的活动计划		要落实学生课后完成新学期活动计划的制订情况	
备注					

"走进博物院——建言博物院"教学方案2

单元	活动准备			单元课时	6
主题	选定研究课题	总课时	19	第2课时	
背景分析	该主题在本单元和本门课中的地位和作用： "活动准备"这一单元共6个课时，活动目的是做好研究活动前的各项准备工作。《选定研究课题》是本单元的第1课时，目的在于培养学生的问题意识，提出具体研究问题的能力，为今后活动的开展打下坚实的基础。 学生已有知识基础： （1）对河南博物院的情况较为了解。 （2）具有一定的提出问题的能力。 活动重难点： 根据本期的活动内容，选择喜欢的子主题，提出具体的研究问题是本主题的活动重难点				
教学目标	（1）培养问题意识及合作意识。 （2）通过本节活动课的探讨交流，学会根据小组的实际情况选择合适的子课题。 （3）提出具体的研究问题				
评价设计	根据本次活动需要，本节课将评选出"最佳问题奖"及并颁发奖状，以激发学生积极参与活动的热情				

单元	活动准备			单元课时	6
主题	选定研究课题	总课时	19	第2课时	

	教师活动	学生活动	（备注或反思）
学与教活动设计	**活动一：回顾导入新课** 1. 回顾前期活动，导入新课 （1）同学们，这个学期活动的主题是什么？ （2）这节课，我们就一起来选定研究课题。 2. 板书课题：选定研究课题	思考，回答问题	
	活动二：提出研究课题 （1）经过多次走进博物院，你对博物院的哪些方面最感兴趣？最想探究什么？ （2）总结评价，板书： 场馆建筑风格 场馆规划 ××场馆文物 ××系列文物 场馆宣传 场馆导览 场馆服务设施 ……	（1）思考，发表看法。 （2）打开思路，关注河南博物院的不同方面。 （3）认真思考，讨论交流	本环节的设计意图在于充分激发学生的思维，打开思路，关注河南博物院的不同方面
	活动三：选定研究课题，提出具体的研究问题。 要求：你最想研究博物院的哪个方面？具体问题是什么？	（1）思考，回答问题。 （2）把问题写下来，小组交流	本环节的设计意图是指导学生根据自己的兴趣，确定研究课题，提出具体的研究问题
	活动四：课堂总结 （1）颁发奖状。 （2）课堂总结	（1）畅谈本节课的收获。 （2）课下尝试指导活动方案	强调课下活动内容
备注			

<h3 style="text-align:center">"走进博物院——建言博物院"教学方案3</h3>

单元	活动准备		单元课时	6
主题	成立活动小组	总课时	19	第3课时

背景分析	该主题在本单元和本门课中的地位和作用： "活动准备"这一单元共6个课时，活动目的是做好研究活动前的各项准备工作。《成立活动小组》是本单元的第2课时，目的在于让学生考虑研究兴趣、个人优势等多方面因素，根据优势互补的原则，自由成立活动小组，这样更有利于今后活动的开展。 学生已有知识基础： （1）知道结合小组的基本原则。 （2）能够发现自身优点和其他同学的优点。 （3）明确自己真正感兴趣的文物。 活动重难点：引导学生以活动开展的需要为出发点，发现自己和他人的优势，遵循优势互补的原则成立活动小组是本课的重点也是难点
教学目标	（1）通过活动，使同学们发现自身优势，学会自我推荐。 （2）提高学生问题解决与与人交往的能力，培养学生与他人和睦相处的品质。 （3）能够按照原则，成功结合小组。
评价设计	根据本次活动需要，本节课将评选出"最佳推荐奖"并颁发奖状，以激发学生积极参与活动的热情

学与教活动设计	教师活动	学生活动	（备注或反思）
	活动一：激发兴趣，导入新课 （1）上节课，我们一起将"建言博物院"这一课题进行了分解，决定成立6个活动小组，并推选出了负责人。这节课，我们来举办一场别开生面的"小小人才交流会"。 （2）有请招聘方——各位负责人闪亮登场！	（1）回顾前期活动情况。 （2）各位负责人登场，按照位置就座	桌子上放置相应台签，便于区分每个小组
	活动二：负责人做宣传，介绍本组优势 （1）本次人才交流会的招聘条件如下： 课件出示： a.对本主题感兴趣 b.能为文物讲解提供一定帮助 c.男女比例均衡 d.总人数8人左右 （2）负责人简单介绍本组的招聘策略，宣传自己小组	（1）认真听讲，了解招聘条件。 （2）了解每个小组的具体情况	本环节的设计意图意在明确招聘条件，了解每个小组的优势及需求，便于下一步的自主选择

单元	活动准备		单元课时	6
主题	成立活动小组	总课时	19	第3课时
学与教活动设计	活动三：第一轮现场招聘 （1）现在，请大家综合考虑，认真思考，首先确定你的第一选择，然后是你的第二选择。 （2）接下来，进入第一轮招聘，请同学们举手表决你的第一选择。 （3）各组负责人现场招聘，确定留下的人员及推荐给其他组的人员	（1）思考，确定第一选择和第二选择。 （2）进行第一轮招聘	教师要关注招聘现场的各组情况，及时调控与指导。但不过多干涉	
	活动四：第二轮招聘 （1）各位负责人，现在请公布一下你们小组现在的招聘情况。 （2）还有哪些同学没有进组，请举手。 （3）这些差额的小组你想去哪一个？ （4）组长面试。 （5）请按新成立小组调整座位，轻声讨论并填写小组名称、口号、小组成员及分工	（1）认真听，看自己是否被录取。 （2）没有进组的同学举手。 （3）没进组学生主动到想去的小组处接受面试。 （4）按新成立小组调整座位，轻声讨论	鼓励落选的学生主动走到想去的小组进行面试，应聘成功，及时给予祝贺与肯定	
	活动五：课堂总结，布置后续 同学们，通过今天的交流，我们知道了，每个同学都有自己的特长，只要有合适的舞台，都会发出耀眼的光芒。我们还要多给自己一些选择的空间，积极自我推荐，这样更有助于我们获得成功	课下各小组推选组长，并进行简单分工	为下一步集体活动做好准备	
备注				

"走进博物院——建言博物院"教学方案4

单元	活动准备		单元课时	6
主题	设计小组简介	总课时	19	第4课时
背景分析	该主题在本单元和本门课中的地位和作用： "活动准备"这一单元共6个课时，活动目的是做好研究活动前的各项准备工作。《设计小组简介》是本单元的第4课时，目的在于指导小组从文化、纪律、组织等方面，全面建设活动小组，设计小组简介，加强小组的凝聚力，为今后活动的开展打下坚实的基础。 学生已有知识基础：			

单元	活动准备		单元课时	6
主题	设计小组简介	总课时	19	第4课时

背景分析	（1）清楚小组简介所包含的要素。 （2）具有一定的设计规划能力。 活动重难点：设计出内容翔实、排版合理、构图美观的小组简介是本次活动的重点，制定合理的组规是活动的难点		
教学目标	（1）回顾小组简介的基本要素，全面建设活动小组。 （2）培养整体规划能力和设计制作的能力，在活动过程中体会合作的快乐。 （3）设计出一份美观有个性的小组简介		
评价设计	根据本次活动需要，本节课将评选出"最佳合作奖"并颁发奖状，以激发学生积极参与活动的热情		

	教师活动	学生活动	（备注或反思）
学与教活动设计	**活动一：回顾导入新课** 1.回顾前期活动，导入新课 上节课，我们成立了活动小组；这节课，我们来全面建设小组，设计小组简介。 2.板书课题：设计小组简介	思考，回想成立小组情况	
	活动二：全面建设小组 （1）回顾交流：我们可以从哪些方面建设我们的小组？ （2）总结板书： 文化方面：组名、口号、研究课题； 组织方面：组长及分工、组员及分工； 纪律方面：组规、纪律评价表。 （3）教师巡视指导	（1）回顾，交流。 （2）看黑板，补充。 （3）在组长的带领下，完成小组建设	本环节的设计意图在于充分激发学生的思维，打开思路，全员参与小组建设
	活动三：讨论交流，设计小组简介 （1）小组简介一般具备哪些内容呢？ （2）根据学生回答，板书： 组名；口号；研究课题；组长及分工；组员及分工。 （3）规划、设计小组简介 你们准备怎样设计小组简介？设计小组简介要注意哪些方面？ 书写规范；排版合理；构图美观。 （4）全班交流	（1）思考，回答问题。 （2）观看，思考，补充。 （3）与小组同学讨论交流	本环节的目的在于引导学生小组简介的内容，合理规划、设计小组简介
	活动四：小组合作，完成小组简介 （1）你们准备怎样分工？ （2）巡视指导。	（1）讨论交流 （2）各组设计	发现个别小组有困难，个别指导

续表

单元	活动准备			单元课时	6
主题	设计小组简介		总课时	19	第4课时
学与教活动设计	活动五：课堂总结 （1）颁发奖状。 （2）课堂总结		（1）畅谈本节课的收获。 （2）没有完成的，课下完成		强调课下活动内容
备注					

"走进博物院——建言博物院"教学方案5

单元	活动准备			单元课时	6
主题	制订研究计划		总课时	19	第5课时
背景分析	该主题在本单元和本门课中的地位和作用： "活动准备"这一单元共6个课时，活动目的是做好研究活动前的各项准备工作。《制订研究计划》是本单元的第5课时，目的在于培养学生从整体考虑、统筹规划活动的能力，为今后活动的开展打下坚实的基础。 学生已有知识基础： （1）知道活动方案所包含的要素。 （2）具有一定的统筹规划能力。 活动重难点：有条理地安排活动实施阶段的内容是本次活动的重点，制定明确的活动目标是活动的难点				
教学目标	（1）培养从整体考虑、统筹规划活动的能力。 （2）在生生交流中，共享经验、促使对活动实施阶段内容设计进行反思，通过反思不断改进活动方案，培养不断深入探究的好习惯。 （3）通过交流探讨，制订出一份科学可行的研究计划				
评价设计	根据本次活动需要，本节课将评选出"最佳合作奖"及并颁发奖状，以激发学生积极参与活动的热情				
学与教活动设计	教师活动		学生活动		（备注或反思）
	活动一：回顾导入新课 1.回顾前期活动，导入新课 （1）前一阶段，我们选定了研究课题，提出了具体的研究问题。接下来，你们准备怎样研究？ （2）这节课，我们就一起来制订研究计划。 2.板书课题：制订研究计划		思考，回答问题		本期不再要求学生必须以小组的形式活动，可以自行决定独自活动或小组合作

续表

单元	活动准备			单元课时	6
主题	制订研究计划		总课时	19	第 5 课时
学与教活动设计	活动二：制定目标，攻破难点 （1）回顾交流：我们可以从哪些方面制定活动目标？ （2）结合本期的研究课题，我们可以怎样叙写目标？ （3）巡视指导。 （4）评价、指导		（1）回顾，交流。 （2）讨论，尝试口述目标。 （3）自主叙写活动目标。 （4）分享交流目标		本环节的设计意图在于充分激发学生的思维，打开思路，关注河南博物院的不同研究方面，提出明确的活动目标
	活动三：讨论交流，规划"研究过程" （1）一份完整的小组活动计划应该具备哪些要素呢？ （2）课件出示活动方案表。 （3）思考、交流： ①你觉得本期的研究活动可以分为几个步骤？ ②每个步骤可以安排哪些具体的研究活动？ ③每个步骤所需的大致时间。 （4）巡视指导。 （5）评价，指导		（1）思考，回答问题。 （2）观看，思考。 （3）与四人小组同学讨论交流。 （4）规划"研究过程"。 （5）展示交流		本环节的目的在于引导学生回顾研究过程的基本阶段，规划主要研究步骤及分工
	活动四：自主完成研究计划 （1）研究计划的其他内容有哪些？ （2）巡视指导		（1）回答问题。 （2）自主完成所有内容		发现个别学生有困难，个别指导
	活动五：课堂总结 （1）颁发奖状。 （2）课堂总结		（1）畅谈本节课的收获。 （2）课下修改活动方案		强调课下活动内容
备注					

"走进博物院——建言博物院"教学方案 6

单元	活动准备			单元课时	6
主题	分享完善研究计划		总课时	19	第 6 课时
背景分析	该主题在本单元和本门课中的地位和作用： "活动准备"这一单元共 6 个课时，活动目的是做好研究活动前的各项准备工作。《分享完善研究计划》是本单元的第 6 课时。目的在于进一步修改完善研究计划，为今后活动的开展打下坚实的基础。 学生已有知识基础： （1）初步完成了研究计划。 （2）具有一定的统筹规划能力。 活动重难点： 能够通过沟通交流，发现本组研究计划的优势及不足是本主题的活动重点				

单元	活动准备		单元课时	6
主题	分享完善研究计划	总课时 19		第6课时
教学目标	（1）发现存在问题，进一步修改完善研究计划。 （2）学会认真观察、独立思考、深入探究，敢于质疑，勇于发表个人见解。 （3）进一步完善研究计划，做到全面可行			
评价设计	根据本次活动需要，本节课将评选出"最佳计划奖"及"最具慧眼奖"并颁发奖状，以激发学生积极参与活动的热情			

	教师活动	学生活动	（备注或反思）
学与教活动设计	活动一：回顾导入新课 1.回顾前期活动，导入新课 （1）同学们，上节课各组初步制订了研究计划，课下还进行了修改完善。 （2）这节课，我们就比一比哪份研究计划最有条理，可行性最强。 2.板书课题：制订研究计划	思考，回顾自己研究计划	课下要求学生与家长或与其他同学交流，修改完善计划
学与教活动设计	活动二：小组展示，评价交流 （1）认真观看。 （2）思考各组的优势与不足，便于下一步有目的地进行指导。 （3）指导全班评价交流	（1）各组展示，重点介绍活动目标、研究方式和研究过程。 （2）认真倾听，思考：这份研究计划的活动目标是否明确？研究方式是否恰当？研究过程的安排是否合理？有哪些可取之处？针对计划的不足之处，你有什么建议？ （3）讨论交流，明确本组计划的优势与不足	本环节的设计意图在于充分激发学生的思维，打开思路，发现本组与其他小组的优势与不足

续表

单元	活动准备			单元课时	6
主题	分享完善研究计划	总课时	19	第6课时	
学与教活动设计	活动三：修改研究计划 （1）指导学生讨论交流。 （2）巡视指导。 （3）评价交流	（1）讨论交流，本组研究计划存在的不足该怎样修改？ （2）小组合作，修改研究计划 （3）展示修改后的研究计划		本环节的目的在于引导各组明确不足，并进一步完善	
	活动四：课堂总结 （1）颁发奖状。 （2）同学们，这节课我们修改了完善研究计划，请课下自主研究	（1）畅谈本节课的收获。 （2）课下自主研究		强调课下活动内容	
备注					

"走进博物院——建言博物院"教学方案7

单元	活动实施			单元课时	4
主题	进行自主研究	总课时	19	第7、8课时	
背景分析	该主题在本单元和本门课中的地位和作用： "活动实施"这一单元共4个课时，活动目的是让学生通过实地考察、上网、查阅书籍等方式，了解河南博物院与其他博物馆，学会认真观察、独立思考、深入探究，敢于质疑，大胆提出自己的建议，发展批判性思维和创新精神。《进行自主研究》是本单元的第1、2课时，目的在于通过自主研究，为今后活动的开展打下坚实的基础。 学生已有知识基础： （1）能够在家长的带领下进行自主研究。 （2）对河南博物院有一定的了解。 活动重难点：能够通过自主研究，发现河南博物院存在的问题，提出自己的合理建言是本主题的重难点				
教学目标	（1）发现存在问题，进一步修改完善研究计划。 （2）学会认真观察、独立思考、深入探究，敢于质疑，勇于发表个人见解。 （3）能够自主开展调查研究，解决问题，获得研究成果				

单元	活动实施			单元课时	4
主题	进行自主研究		总课时	19	第7、8课时
评价设计	根据本次活动需要，本节课将评选出"最佳探究奖"及"最佳辅导奖"并颁发奖状，以激发学生及家长积极参与活动的热情				
学与教活动设计	教师活动		学生活动		（备注或反思）
	了解每组研究情况，及时与家长沟通，及时给予个别指导和帮助		课下或周末通过上网、查阅书籍、问卷调查、访谈、实地考察等多种途径，自主研究本组或本人课题		要敢于放手，相信学生。与家长多沟通，取得家长的理解与支持
备注					

"走进博物院——建言博物院"教学方案8

单元	活动实施			单元课时	4
主题	整理资料		总课时	19	第9、10课时
背景分析	该主题在本单元和本门课中的地位和作用： "活动实施"这一单元共4个课时，活动目的是让学生通过实地考察、上网、查阅书籍等方式，了解河南博物院与其他博物馆，学会认真观察、独立思考、深入探究，敢于质疑，大胆提出自己的建议，发展批判性思维和创新精神。《整理资料》是本单元的第3、4课时，目的在于培养学生通过整理资料，为今后研究活动的开展打下坚实的基础。 学生已有知识基础： （1）具有初步的一定的沟通技巧，会通过访谈法获取相关信息。 （2）具有一定的计算机操作技巧，会在计算机上检索，获取想要的信息资料。 （3）具有一定的阅读能力，会通过阅读相关书籍，获取信息。 活动重难点：各组交流，整理汇总资料是本次活动的重点，也是活动的难点				
教学目标	（1）交流收集到的资料，学会对资料进行整理、筛选，培养收集、处理资料的能力。 （2）在展示中相互得到知识、能力、方法等多方面的启迪。 （3）整理出一份有序的活动资料				
评价设计	根据本次活动需要，本节课将评选出"最佳合作奖"并颁发奖状，以激发学生积极参与活动的热情				
学与教活动设计	教师活动		学生活动		（备注或反思）
	活动一：回顾导入新课 1.回顾前期活动，导入新课 （1）前一阶段，同学们通过多种途径收集资料，大家都带来了吗？ （2）这节课，我们一起来整理资料。 2.板书课题：整理资料		展示资料		回顾活动，调动起学生的积极性

单元	活动实施			单元课时	4
主题	整理资料		总课时	19	第9、10课时
学与教活动设计	活动二：比比谁的资料多 （1）谁来介绍一下你收集到的资料？ （2）这位同学带来的资料有图片类的、文字类的，甚至还有视频类的，这么多的资料我们该如何整理呢？ 这些资料有些是对研究有用的，有些则可能没有作用和作用不大。因此，我们要对收集的资料，进行认真地整理、分析，去粗取精，去伪存真，为我们的研究主题服务		（1）指名到前边介绍。 （2）学生思考，交流		让学生充分思考，采纳学生的意见和建议，调动起学生的积极性
	活动三：范例引导，学会方法 （1）出示有关连鹤方壶的所有资料，引导学生进行资料的筛选与分析。 （2）研读文字资料，教师出示提示： ①反复地认真地读资料。 ②哪些内容可为我们利用（对资料进行筛选）。 ③思考：收集的"研究结论"都有哪些内容，对资料进行归类。 ④确定与"研究主题"有关的内容，用自己的话把"研究结论"串起来（对资料进行确定）。 ⑤从你的研究结论中，带给你什么感想。 （3）请各小组分类整理你们的资料		（1）学生思考，分析。 （2）学习文字资料的整理方法。 （3）各小组整理资料		本环节的设计意图在于充分激发学生的思维，打开思路，让学生充分参与到活动中
	活动四：各小组汇报，评比最佳 （1）出示汇报要求： ①我们小组研究的课题。 ②我们的建言，包括哪些方面。 ③我们的其他资料，如照片、采访的内容等。 （2）评价交流。 （3）评选最佳合作奖		（1）各组根据汇报要求，进行汇报。 （2）组间互动，评价交流		通过汇报展示和组间互动，让各组发现问题，取长补短
	活动五：课堂总结 （1）颁发奖状。 （2）课堂总结		（1）获奖小组代表领奖。 （2）畅谈本节课的收获		
备注					

<h3 style="text-align:center">"走进博物院——建言博物院"教学方案9</h3>

单元	总结交流		单元课时	7
主题	建言"质询"会	总课时	19	第10、11课时
背景分析	该主题在本单元和本门课中的地位和作用： "总结交流"这一单元共7个课时，活动目的是通过总结交流，让学生进一步了解河南博物院的现状，通过与其他博物馆的对比，对博物院的发展提出合理建议，发展批判性思维和创新精神，完成建言报告。《建言"质询会"》这一主题活动是本单元的第1、2课时，将邀请家长代表及班主任老师参与活动，希望学生能够坦然面对别人的质询，能就质询问题作出较为合理的解答；能根据别人的质询完善研究方案并作出改进计划。为下一步撰写建言报告，召开建言发布会打下坚实基础。 学生已有知识基础：在前期调查研究的基础上，综合分析，提出了发现的问题，并有针对性地提出了自己的意见和建议。 活动重难点：学会质询，掌握基本的方法是本次活动的重点也是难点				
教学目标	（1）学习质询，掌握初步的方法，能坦然面对别人的质询，能就质询问题作出较为合理的解答。 （2）能根据别人的质询完善研究方案并作出改进计划，敢于质疑，大胆提出合理化建议，发展批判性思维。 （3）增强主人翁意识，体验参与社会活动的快乐				
评价设计	根据本次活动需要，本节课将评选出"最佳建议奖""最佳合作小组"并颁发奖状，以激发学生积极参与活动的热情				
学与教活动设计	教师活动		学生活动	（备注或反思）
	活动一：开门见山，引起话题 （1）"走进博物院"是我们从三年级开始就开展的一项研究性学习活动。我们六年级的活动主题是"建言博物院"。 （2）回顾前期活动： 前一阶段，同学们已经做了一些调查研究工作。谁来说一说？（根据学生回答情况，随机出示前期活动） （3）这些建议合理吗？是否切实可行呢？这节课我们就来推敲推敲，进行一场"质询会"		（1）齐答六年级活动主题——"建言博物院"。 （2）回顾前期活动： 第一，到博物院实地参观、考察，了解有关博物院整修的相关情况。 第二，通过上网及询问等多种渠道，了解河南博物院及其他较为著名的博物院。 第三，了解河南博物院官方网站，比较河南博物院官方网站与其他博物院网站的异同。 第四，在前期调查研究的基础上，尝试提出自己的建议。 （3）思考：自己提出的建议是否合理？是否切实可行？	通过回顾前期活动，引起学生思考，顺势导入新课

单元	总结交流			单元课时	7
主题	建言"质询"会	总课时	19	第10、11课时	

学与教活动设计	活动二：走进质询会 （1）什么是质询会？怎样进行质询？我们来看一段视频。（播放视频） （2）我们今天的质询会有别于上述正规的质询会，就是把自己的建议方案拿出来，接受大家的提问、质疑，借助大家的智慧帮助我们进一步完善自己的建议。谁有勇气拿着你的建议来到前边，第一个接受同学们的质询？ （3）通过刚才接受同学们的质询，你明白了什么？ （4）小结：通过刚才的质询，我们发现，大家在质询时，可以针对疑问处、模糊处、不合理处等质疑。被质询的同学要积极面对，有理有据，做好充分的解释与说明。如果自己无法圆满回答，发现自己的建议存在的问题，要坦然接受	（1）观看视频。 （2）说说自己对质询的理解。了解质询会及本节课质询会是干什么的。 （3）拿着建议及相关支撑材料，接受同学们的质询。 （4）学生畅谈自己的感受。 （5）归纳总结，学生上台板书 质询 疑问 模糊 不切实际…… 被质询 坦然面对 如实说明 积极改进 观看板书，回顾总结质询办法	与教师平等交谈的氛围，更有利于激发学生参与活动的积极性。 以一组为例，探讨交流质询的方法，以及面对质询，该如何作出合理解释。 学生自己来板书，充分调动起他们的学习积极性
	活动三：团队质询 （1）接下来我们进行团队质询。 出示团队质询流程： 被质询方陈述研究情况—质询方进行质询—被质询方解释说明—被质询方进行总结发言。 （2）根据场上情况，及时调控	（1）了解流程，准备质询。 （2）双方上场，开始质询	团队质询，可以让学生完全放松，大胆相互质询
	活动四：现场质询 （1）现场的博物院工作人员、家长们和班主任老师知识渊博，见多识广，接下来，我们诚请各位老师能够畅所欲言，发表真知灼见。 （2）教师巡视指导	（1）主动向各位家长、博物院工作人员和班主任老师请教，接受他们的质询，并做好记录。 （2）完成任务的同学，自觉回到座位上，需要改动的地方，用红笔修改	现场互动，让学生主动走到家长代表、班主任老师处，接受他们的质询，进一步培养学生的批判性思维

单元	总结交流		单元课时	7
主题	建言"质询"会	总课时　19	第10、11课时	
学与教活动设计	活动五：课堂总结，布置后续 这节课，同学们在前期活动的基础上，互相质询，并现场接受了各位老师的质询，收获颇丰。下一步我们的研究重点是，尝试撰写建言报告或者建言书。 希望通过我们的研究，使河南博物院的设施、管理更加人性化，能为广大游客更好地服务，让更多的人走进博物院	（1）指明上台展示修改后的"建言表"，畅谈收获。 （2）课下整理资料，查找"建言报告"的格式	展示修改后的建言表，可以清楚地让学生看到修改的痕迹，看到"质询"的重要性	
备注				

"走进博物院——建言博物院"教学方案10

单元	建言博物院		单元课时	7
主题	撰写建言报告	总课时　19	第12、13课时	
背景分析	该主题在本单元和本门课中的地位和作用： "总结交流"这一单元共7个课时，活动目的是通过总结交流，让学生进一步了解河南博物院的现状，通过与其他博物馆的对比，对博物院的发展提出合理建议，发展批判性思维和创新精神，完成建言报告。《撰写建言报告》这一主题活动是本单元的第3、4课时，目的在于了解建言报告的写作格式及写作方法，完成建言报告，为下一步召开建言发布会打下坚实基础。 学生已有知识基础： （1）会写简单的研究报告。 （2）通过研究，给河南博物院提出了一些切实可行的建议。 活动重难点：学会写建言报告，把建言理由、研究过程及结论表述清楚，使建言报告让人信服是本次活动的重点也是难点			
教学目标	（1）了解建言报告的格式及写作重点。 （2）个人尝试独立完成建言报告。 （3）继续培养联系实际，选好撰写活动报告的写作题材的能力			
评价设计	根据本次活动需要，本节课将评选出"最佳报告奖"并颁发奖状，以激发学生积极参与活动的热情			

续表

单元	建言博物院		单元课时	7
主题	撰写建言报告	总课时	19	第 12、13 课时
学与教活动设计	教师活动		学生活动	（备注或反思）
学与教活动设计	活动一：回顾导入 （1）同学们，前一阶段，大家经过努力，从多种途径获取了资料，经过整理，给博物院提了很多切实可行的建议。怎样说服河南博物院，让河南博物院接受这些建言呢？这节课我们一起撰写建言报告。 （2）板书：撰写建言报告		回顾前期活动，思考从哪些方面说服河南博物院	通过回顾前期活动，引起学生思考，顺势导入新课
学与教活动设计	活动二：了解建言报告 （1）建言报告的目的在于说服别人接受自己的建言，哪些内容是必须详细说明的？ （2）明确重点内容： ①博物院现有问题分析； ②建言内容及建言理由； ③研究的详细过程； ④相关论据情况		（1）思考，讨论交流。 （2）明确重点内容	建言报告的目的决定了建言报告的特点，这一点一定让学生明确，这样才能写出有说服力的建言报告
学与教活动设计	活动三：确定报告提纲 （1）巡视，了解具体情况。 （2）巡视指导，及时给予学生帮助		（1）汇总资料，结合课题，确定重点报告内容。 （2）列出报告提纲	建言报告提纲的条理一定要清晰
学与教活动设计	活动四：根据提纲，完成报告。 巡视指导		自主撰写建言报告	了解情况，及时给予帮助
学与教活动设计	活动五：课堂总结，布置后续 这节课，同学们列出了报告提纲，尝试撰写了建言报告，没有完成的希望大家课下继续完成，并与家长一起修改完善，为最后"建言发布会"的开展做好准备		认真思考后续活动	提前与家长沟通，寻求家长的理解与支持
备注				

"走进博物院——建言博物院"教学方案11

单元	建言博物院		单元课时	7
主题	建言发布会	总课时 19	第14、15课时	

背景分析	该主题在本单元和本门课中的地位和作用： "总结交流"这一单元共7个课时，活动目的是通过总结交流，让学生进一步了解河南博物院的现状，通过与其他博物馆的对比，对博物院的发展提出合理建议，发展批判性思维和创新精神，完成建言报告。《建言发布会》这一主题活动是本单元的第5、6课时，目的在于通过召开建言会，使学生勇于发表个人见解，积极建言献策，增强责任感，发展批判性思维和创新精神。 学生已有知识基础： （1）通过调查研究，完成了建言报告。 （2）能够表述清楚自己的观点。 活动重难点：把建言理由、研究过程及结论通过恰当的方式呈现并表述清楚，使建言报告让人信服是本次活动的重点也是难点
教学目标	（1）根据几年来的实践与体验及本学期的课题研究，能对博物院发展提出建议，并且有一定的理论支撑。 （2）学会独立思考、深入探究，敢于质疑习以为常的事务。 （3）勇于发表个人见解，积极建言献策，增强责任感，发展批判性思维和创新精神
评价设计	根据本次活动需要，本节课将评选出"最佳报告奖"并颁发奖状，以表彰学生积极参与活动的热情

	教师活动	学生活动	（备注或反思）
学与教活动设计	活动一：谈话导入 同学们，经过多次走进博物院，我们了解河南博物院的发展历程，全面调查博物院内场馆设施和场馆宣传、场馆服务等方面，进行了小课题研究，大胆地对博物院的发展提出了自己的建言，撰写了建言报告。 这节课，我们就来举行"建言发布会"。我们还有幸邀请到了河南博物院的代表作为我们的评委，大家掌声欢迎！	（1）回顾研究过程。 （2）鼓掌欢迎河南博物院代表	通过回顾前期活动，引起学生思考，顺势导入新课
	活动二：确定报告提纲 （1）巡视，了解具体情况。 （2）巡视指导，及时给予学生帮助	（1）汇总资料，结合课题，确定重点报告内容。 （2）列出报告提纲	建言报告提纲的条理一定要清晰

续表

单元	建言博物院		单元课时	7
主题	建言发布会	总课时 19	第 14、15 课时	

	学与教活动设计	活动三：各组汇报，评价交流 适时调控会场	各组依次汇报，阐明主要建言	提前做好汇报准备，形式要恰当
		活动四：院方代表进行点评，并颁奖 （1）有请院方代表进行点评。 （2）请为获奖小组颁发奖状	认真聆听。获奖小组上台领奖	河南博物院代表的发言，是对学生们的鼓励与肯定
		活动五：活动总结 这节课，我们成功举办了建言发布会，让我们再次把掌声送给河南博物院的代表	鼓掌感谢	激励学生今后也要敢于建言
备注				

"走进博物院——建言博物院"教学方案 12

单元	评价交流		单元课时	3
主题	成果资料展示	总课时 18	第 16、17 课时	

背景分析	该主题在本单元和本门课中的地位和作用： "评价交流"这一单元共 3 个课时，活动目的是让学生通过交流、评价，明确本组的优势与不足。通过回顾活动过程，评定个人和小组的成绩，获得收获的喜悦，体验成功的快乐。《成果资料展示》是本单元的第 1 课时，目的在于通过各种方式的展示与交流，与大家分享本期活动的收获、感受。 学生已有知识基础： （1）具有一定的整理能力，能将活动过程中的照片、资料、建言报告等资料有序整理。 （2）具有一定的语言表达能力，能将自己的收获有条理地介绍清楚。 活动重难点： 通过各种方式的展示与交流，与大家分享本期活动的收获、感受，是本次活动的重难点
教学目标	（1）根据具体情况，客观评价建言报告的合理性。 （2）客观评价各组的活动成果资料。 （3）能够将本组成果变得丰富、有亮点，吸引他人注意
评价设计	根据本次活动需要，本节课将评选出"最佳成果奖""最佳展示奖"并颁发奖状，以激发学生积极参与活动的热情

续表

单元	评价交流		单元课时	3
主题	成果资料展示	总课时 18	第16、17课时	

	教师活动	学生活动	（备注或反思）
学与教活动设计	活动一：回顾本单元活动，导入新课 （1）播放相关照片，谈话： 同学们，这一学期，在家长的带领下，同学们多次走进博物院，进行实地考察、访谈，还上网搜索了其他博物院的资料，完成了建议报告，一路走来，我们有了满满的收获。 （2）这节课，我们一起进行成果资料展示	回顾、思考当时的情景	一开始，就将学生的思绪引到了本单元的活动回忆中，为接下来的活动奠定基础
	活动二：我们晒点啥 （1）出示：你们小组最想晒什么？用什么样的方式晒？ （2）请各组在组长的带领下，围绕以上方面，畅所欲言，发表自己的看法。 （3）教师巡视指导	（1）观看，思考。 （2）敞开心扉，畅所欲言。 （3）挑选资料，组内演练	本环节的设计意图是在让学生筛选资料，并用自己喜爱的方式呈现
	活动三：晒晒我们的成果 （1）哪个小组愿意第一个展示你们的成果？ （2）教师适时调控	（1）各组依次上台，晒本组活动成果。 （2）各组有序展示，组间相互评价	关注每个小组的情况，鼓励学生大胆把本组的成果展示出来
	活动四：评比颁奖、总结活动 （1）评比"最佳成果奖""最佳展示奖"。 （2）颁发奖状。 （3）总结本次活动	（1）讨论交流，评选。 （2）获奖小组代表领奖状	颁发奖状，以激励学生积极参与活动的热情
备注			

"走进博物院——建言博物院"教学方案13

单元	评价交流		单元课时	3
主题	期末评价	总课时 19	第18课时	
背景分析	该主题在本单元和本门课中的地位和作用： "评价交流"这一单元共3个课时，活动目的是让学生通过交流、评价，明确本组的优势与不足。通过回顾活动过程，评定个人和小组的成绩，获得收获的喜悦，体验成功的快乐。《期末评价》是本单元的第2课时，目的在于通过自评、互评、教师评等多种方式，对每个学生作出较为全面、合理的评价。			

单元	评价交流		单元课时	3
主题	期末评价	总课时	19	第18课时

背景分析	学生已有知识基础： 具有一定的语言表达能力，能将本学期个人活动表现及收获、体验、感受等有条理地介绍清楚。 活动重难点： 通过多种形式的评价与交流，对每个学生作出较为全面、合理的评价是本次活动的重点。客观、公正地评价自己和他人，是本次活动的难点			
教学目标	（1）根据具体情况，客观评价每个同学。 （2）完成素质报告册的填写。 （3）个体能够制订新的计划或努力方向			
评价设计	根据本次活动需要，本节课将评选出"最佳合作小组"并颁发奖状，以激发学生积极参与活动的热情			

学与教活动设计	教师活动	学生活动	（备注或反思）
	活动一：回顾本单元活动，导入新课 （1）播放相关照片，谈话：同学们，这一学期，大家在小组长的带领下，对"建言博物院"这一课题进行了扎实的探究活动，举行了建言质询会、建言发布会，有了满满的收获。 （2）这节课，我们一起进行期末综合评价	回顾、思考当时的情景	一开始，就将学生的思绪引到了本单元的活动回忆中，为接下来的活动奠定基础
	活动二：回顾评价内容及权重 （1）提问：我们从哪些方面进行期末综合评价呢？ 板书：课堂活动表现：20% 外出实践活动：30% 汇报展示：20% 档案袋：30% （2）每个小组合作，完成了外出实践探究、研究成果汇报展示和档案袋的整理，以下是各小组的综合得分（公布各组分数）。 （3）课堂活动表现得分，需要大家将活动记录本上每节课的得分相加，就是本学期的总得分。请快速计算	（1）思考，交流。 （2）记录每个小组的综合得分。 （3）计算自己的课堂活动表现得分	本环节的设计意图意在让各组学生总结评价本组综合得分情况，并计算出每个同学的课堂活动得分
	活动三：计算个人总分 （1）祝贺每个小组，在大家的共同努力下，都完成了探究活动，取得了不错的成绩。在小组活动中，是不是每个同学的贡献都是一样的呢？ （2）请各组在组长的带领下，将本组的综合得分分为三个等级，首先进行自评、互评，最后进行组长评，确定每个同学的等级及相应的分数。 （3）将课堂活动得分加上其他三项的综合得分，就是个人的总分	（1）思考。 （2）各组进行评价。 （3）计算出每个人的总分	关注每个小组的情况，鼓励学生客观、公正地评价自己和他人

续表

单元	评价交流		单元课时	3
主题	期末评价	总课时 19	第 18 课时	

学与教活动设计	活动四：换算等级，填写素质报告册 （1）请大家换算等级。 （2）请各组在组长的带领下，完成素质报告册的填写	（1）回顾,交流。 （2）换算等级。 （3）各组填写素质报告册	等级换算，让每个学生明确自己的综合评级等级
	活动五：评选"最佳合作小组"，颁奖 （1）评选"最佳合作小组"，颁发奖状。 （2）总结本节课活动情况	获奖小组代表和个人上台领奖状	颁发奖状，以激励学生积极参与活动的热情
备注			

"走进博物院——建言博物院"教学方案 14

单元	评价交流		单元课时	3
主题	综合表彰	总课时 19	第 19 课时	

背景分析	该主题在本单元和本门课中的地位和作用： "评价交流"这一单元共 3 个课时，活动目的是让学生通过交流、评价，明确本组的优势与不足。通过回顾活动过程，评定个人和小组的成绩，获得收获的喜悦，体验成功的快乐。《综合表彰》是本单元的第 3 课时，目的在于通过各种方式的展示与交流，与大家分享本期活动的收获、感受，评选出优秀小组和优秀个人，并颁发奖状。 学生已有知识基础： 具有一定的语言表达能力，能将本组或个人的收获有条理地介绍清楚。 活动重难点：通过各种方式的展示与交流，与大家分享本期活动的收获、感受，是本次活动的重难点
教学目标	（1）根据具体情况，客观评价各竞选小组。 （2）客观评价参选的优秀个人。 （3）评出不同奖项，给予表彰
评价设计	根据本次活动需要，本节课将评选出"最佳小组""最佳个人"并颁发奖状，以激发学生积极参与活动的热情

续表

单元	评价交流		单元课时	3
主题	综合表彰	总课时 19	第 19 课时	

	教师活动	学生活动	（备注或反思）
学与教活动设计	活动一：回顾本单元活动，导入新课 （1）播放相关照片，谈话： 同学们，这一学期，大家在小组长的带领下，进行了扎实的探究活动，有了满满的收获。 （2）这节课，我们一起进行综合表彰	回顾、思考当时的情景	一开始，就将学生的思绪引到了本单元的活动回忆中，为接下来的活动奠定基础
	活动二：评选优秀小组 （1）出示：你们小组哪些方面做得最好？用什么样的方式向大家推介你们的小组，才能让大家对你们小组印象深刻？ （2）请各组在组长的带领下，围绕以上方面，畅所欲言，发表自己的看法。 （3）教师巡视指导	（1）观看，思考。 （2）敞开心扉，畅所欲言。 （3）组内演练。 （4）评选优秀小组	本环节的设计意图意在让各组学生学会介绍本组的活动情况，并用自己喜爱的方式呈现
	活动三：评选优秀个人 （1）出示：你们小组哪个同学在活动过程中表现最为出色？你们想用什么样的方式向大家推介你们的这位同学？ （2）请各组在组长的带领下，围绕以上方面，畅所欲言，发表自己的看法。 （3）教师巡视指导	（1）观看，思考。 （2）各组推选一位学生参选，可以其他人推介，也可以本人自荐。 （3）评选优秀个人	关注每个小组的情况，鼓励学生大胆自荐
	活动四：颁奖、总结活动 （1）颁发奖状。 （2）总结本期活动	获奖小组代表和个人上台领奖状	颁发奖状，以激励学生积极参与活动的热情
备注			

（郑州市金水区文化路第一小学　侯清珺　邢青云　张　文

金水区教育发展研究中心　观　澜）

附录3　过程性评价学习单

郑州市第三十四中学"星空下的村落"场馆学习过程性评价记录单

（一）开题报告记录单

场馆学习开题报告记录单

课题名称			相关课程		
课题组长		指导老师		开题时间	
课题组成员 及分工	姓名	分工			

研究背景：

研究目的与意义：（为什么研究）

研究内容：（研究什么）

研究方法：

课题研究计划：（如何研究）

预期研究成果：（课题研究成果形式）

研究保障：

指导教师意见：

课题指导：

课题的名称可以自己选择，也可以参考一下课题，例如：

大河村陶器的图案纹饰研究

大河村陶器的色彩研究

大河村陶器的形状研究

大河村陶器的用途研究

大河村仰韶文化石器的研究

大河村仰韶文化的生活用具研究

大河村陶器和河姆渡居民陶器的对比研究

大河村陶器和半坡居民陶器的对比研究

大河村石器和河姆渡 / 半坡居民的石器对比研究

大河村建筑方式和河姆渡 / 半坡居民的房屋建筑方式对比研究

仰韶文化的家居生活研究

仰韶文化房基建造方法研究

仰韶文化房基建筑风格研究

……

自主学习大河村遗址的相关资料，确定一个小课题进行研究。请大家以小组的方式，完成小课题报告书。

（二）研学过程记录单

评价主体	环节内容		（描述过程）
组评	计划准备	旅行装备	
		研学装备	
	集合起程	快静齐净	
	路途揽胜	车内之美	
		窗外之美	

续表

评价主体	环节内容		（描述过程）		
组评	实地研学	大河村场馆表现			
		远足过程中身心感觉			
	材料汇总	保存方式			
师评	A级	B级	C级	D级	教师签名
家长评价					

研究主题记录单

研究主题	
记录人	
研究内容	
研究方法	
研究过程	解决的问题
	发现的问题
研究结论	（用自己的语言进行总结与提炼，不可网上照搬）

（三）研学后记录单

（1）活动感言。

（2）您是否愿意做大河村志愿者？是否能够在假期接受大河村的培训并志愿付出？

（郑州市第三十四中学团队研发）

附录4　校长寄语

综合实践课程是我们国家的必修课程，它对人发展的影响是高于所有学科课程的。它集中体现了中国学生核心素养的培养和发展方向：自主发展、社会参与、文化基础。这些素养是适应未来社会发展的合格公民的必备因素。

诚然，至今没有一次选拔性考试来直接考量这个课程，但是随着国家考试制度的变革，越来越多的核心素养内化在我们学科的各种测试中，汇聚在每一次的自主招生中，至今只有这样一门神奇有趣的课程能直接触摸着我们今天对人的能力培养的关注。

羡慕今天的你们有这样好的条件走进场馆，去研学、去行动，很多年之前在这门课程受益的学生都感谢它带给个人能力的提升和对社会的关注。只有用心走入这门课程中，你才会感受到它的魅力所在。我看到很多中国杰出的学生都从此走向探究的道路，走向同龄人的精英群体中，跨入社会的引领行业，因为他们会学习，会合作，会领导，会发现并问题解决。

这个世界对任何人都是公平的，学习是我们成功的捷径和机遇，感谢教师们的付出。我们期待大家在这本成长档案中记录每个人的探究足迹，发现每个灵性的思考，成就每个有未来的人生。

当你们离开母校时候，她就是你未来的回忆和未来的基石。

（郑州市第三十四中学　易　峰）

附录5　馆校共建活动

"我心目中的大河村"绘画比赛邀约函

_____学校：

为充分发挥博物馆作为社会实践基地的功能，传播大河村遗址深厚的文化内涵，为加深馆校共建深度合作与交流，郑州市大河村遗址博物馆现邀请共建学校组织学生参与"我心目中的大河村"绘画比赛，特将相关事宜介绍如下。

一、活动主题

"我心目中的大河村"绘画比赛。

二、活动时间

4月份至5月份。

三、活动地点

馆内参观，学校绘画，优秀作品在馆内展出。

四、活动流程

馆内参观，学校绘画，共建学校推送30~50幅作品，馆方组织评选小组评选5幅精品画作，5月18号国际博物馆日举行小画家展开幕仪式并颁奖5幅精品画作，颁发"优秀小作者称号"证书，其他参赛学生颁发"优秀参与者"纪念证书。

五、参赛要求

（1）材料：画纸画笔自备。

（2）规格：纸张大小统一，尺寸为：高40厘米，宽50厘米，作品右下角画出单独格子写上学校、班级、名字，格式为：学校：××　班级：××　姓名：××，竖向排列。

（3）形式：不限，漫画、油画、国画、素描、水粉、剪纸均可。

（4）时间节点：馆方收稿5月3号，精品作品评选5月8号，5月18号开展。

（5）评委组成及分工：学校教师：评选30~50幅优胜作品。学校1名教师和1名学生与大河村博物馆2名工作人员评选精品。

郑州市大河村遗址博物馆

附录6 馆校共建协议书

郑州市大河村遗址博物馆与郑州市第三十四中学经过协商，就双方共建校外综合实践活动基地暨研学旅行课程基地事宜达成以下协议。

一、共建目的

贯彻落实《中小学德育工作指南》《实施意见》（郑教宣外〔2007〕61号）的精神，全面落实精神，鼓励学校建立长期、固定的校外教育友好场所，使学生能够运用所学知识去认识社会、参与实践，在接触、实践中接受教育，从而提升学生适应社会的综合素质与技能，实现实践育人。

二、双方责任与义务

1. 郑州市第三十四中学

（1）根据学校安排，有计划地组织学生前往郑州市大河村遗址博物馆开展综合实践活动和研学旅行课程。

（2）积极发挥郑州市大河村遗址博物馆的社会教育功能，结合学校实际情况，积极参加、配合郑州市大河村遗址博物馆组织的教育活动。

（3）协助郑州市大河村遗址博物馆在学校进行的宣传教育活动。

（4）到郑州市大河村遗址博物馆开展志愿服务活动。

2. 郑州市大河村遗址博物馆

（1）为学生综合实践活动、研学旅行课程的开展提供讲解、场地等设备或服务。

（2）为郑州市第三十四中学学生到郑州市大河村遗址博物馆参观学习提供便利。

（3）协助郑州市第三十四中学学生开展社会调查、社会咨询、社会宣传等活动。

（4）有计划地在郑州市大河村遗址博物馆或学校举办专题讲座、开展教育活动。

三、其他

（1）双方定期反馈信息，交换意见，以促进各项活动的顺利进行，并根据实际情况总结工作，交流基地建设和教育活动经验。

（2）本协议中的未尽事宜，由甲、乙双方协商解决。

（3）本协议一式两份，双方各执一份，自签字之日起生效。

郑州市第三十四中学　　　　　　　郑州市大河村遗址博物馆
　　（盖章）　　　　　　　　　　　　　（盖章）
负责人签字：　　　　　　　　　负责人签字：
　年　月　日　　　　　　　　　　年　月　日

后　记

场馆学习促进师生更为丰富地发展

兰斯特大学"场馆委员会"和"场馆研究中心"提出的场馆学习理论，指通过场馆学习可能达成的具有普遍意义的学习结果，它是基于对所有场馆学习可能结果的完全覆盖，包括知识与理解，技能，态度与价值观，娱乐性、启发性和创新性，以及活动、行为与成长五个方面。可见，场馆学习带给学生丰富的体验和发展。杜威提出有目的的行动就是有意义的、明智的活动。由此，有意义的活动需要提前规划，有目标，有行动。对于场馆课程的设计与实施，只有基于学生的已知和未来的发展，根据场馆的文化，建构体系化课程内容，才能实现有意义的学习。而在场馆课程的开发与实施、评价与管理过程中，教师既是课程的设计者也是课程的实施者，在课程实施中不仅是学生的导师也是课程的调整者。这样的多重角色，决定了"教学相长"，这也是"教学"的最高境界。

河南省第二实验中学小学部的刘拴红副校长说，场馆课程的开发和实施给教师和学生们打开了一扇窗。通过课程实践，教师们越发意识到跨学科、跨时空的课程设计对打开学生思维力和综合解决实际问题的能力的培养的意义，有更大的信心和热情投入这样的课程开发中去。学生们在这样的学习形式和内容中，不仅兴趣盎然，而且习得了面对复杂的实际问题，充分利用自己已有的知识经验去合作、探究、解决问题的能力，让学习真正发生，为适应和引领未来社会发展打下良好基础。

郑州市第六初级中学教师夏丽华说，在场馆课程开发和实施中感悟是多方面的。一方面认识了课程形式开发的多样性，另一方面也为学生们的探索能力、合作能力和创新能力而惊喜。教师的成长伴随着学生的成长。

郑州市金水区文化路第一小学教师邢青云说，她深刻感受到开展丰富、鲜活的场馆课程的重要性和必要性。场馆学习不仅促使任课教师更新课程理念，提高站位，开阔视野，打破学科壁垒，宏观设计、调控课程内容，还充分发挥了场馆的综合育人功能，使学生在场馆活动中，得到综合素养全方位的提升。

郑州市第七初级中学校长闫凯、教师刘会霞在介绍经验时一致认为，以实践活动这种学生喜闻乐见的活动方式，基于学科主题开展跨学科学习，并把课堂搬到真实的场馆中、大自然中，激发学生的学习兴趣和实践探究能力，将学科知识、技能、思想进行融合和重构，对学生的发展具有深远的意义。

郑州市金水区外国语小学副校长王欣说，场馆课程将"说教式"的教学方式变为"实践式、体验式"，为教师提供了丰富的课程体验路径，为学生提供了生动的课堂，引领学生在亲身的实践中，学知、启智、明心、践行，实现知行合一。

……………

总之，学生在课程中获得知识的丰富，综合能力的提升，情感价值观的形成，为学生提供了丰富的体验，促进学生多元地发展；教师们在实践中前行，反思，总结，成长，提升了课程开发与实践、评价与管理等能力，积累了经验，提炼了自己的教育理念；这一切让教育美好地发生，实现课程育人、实践育人、合作育人、活动育人、评价育人，培养德智体美劳全面发展的学生，促进教育高质量地发展。

在这里，对参与场馆课程研究与实践的同人们表示衷心地感谢！

更为感动与感激的是中小学综合实践活动课程师资研究与培训基地主任、首都师范大学副教授、中国教育学会综合实践活动分会副理事长杨培禾教授，能在百忙之中对本书进行细致地指导，提出修改与完善的理念和做法，进一步提升了本书的专业性与引领性。

场馆课程作为行走的课堂、思辨的课堂，和传统教学相比，其变化不仅是形式上的，更是教育实效上的。在行走中，将书本与现实发生关联、产生思考、构建完整的认知与体验。用脚步丈量，在历史、科技的碰撞中照亮未来。2022年第一学期因为疫情，大多时间学生们都在线上学习。2023年3月郑州又飘起一场桃花雪。雪后，学生们可以走出校门，迎着灿烂的暖阳，开启新一年的场馆之旅了。

徐永梅